Die Küchenwichtel

Die Küchenwichtel

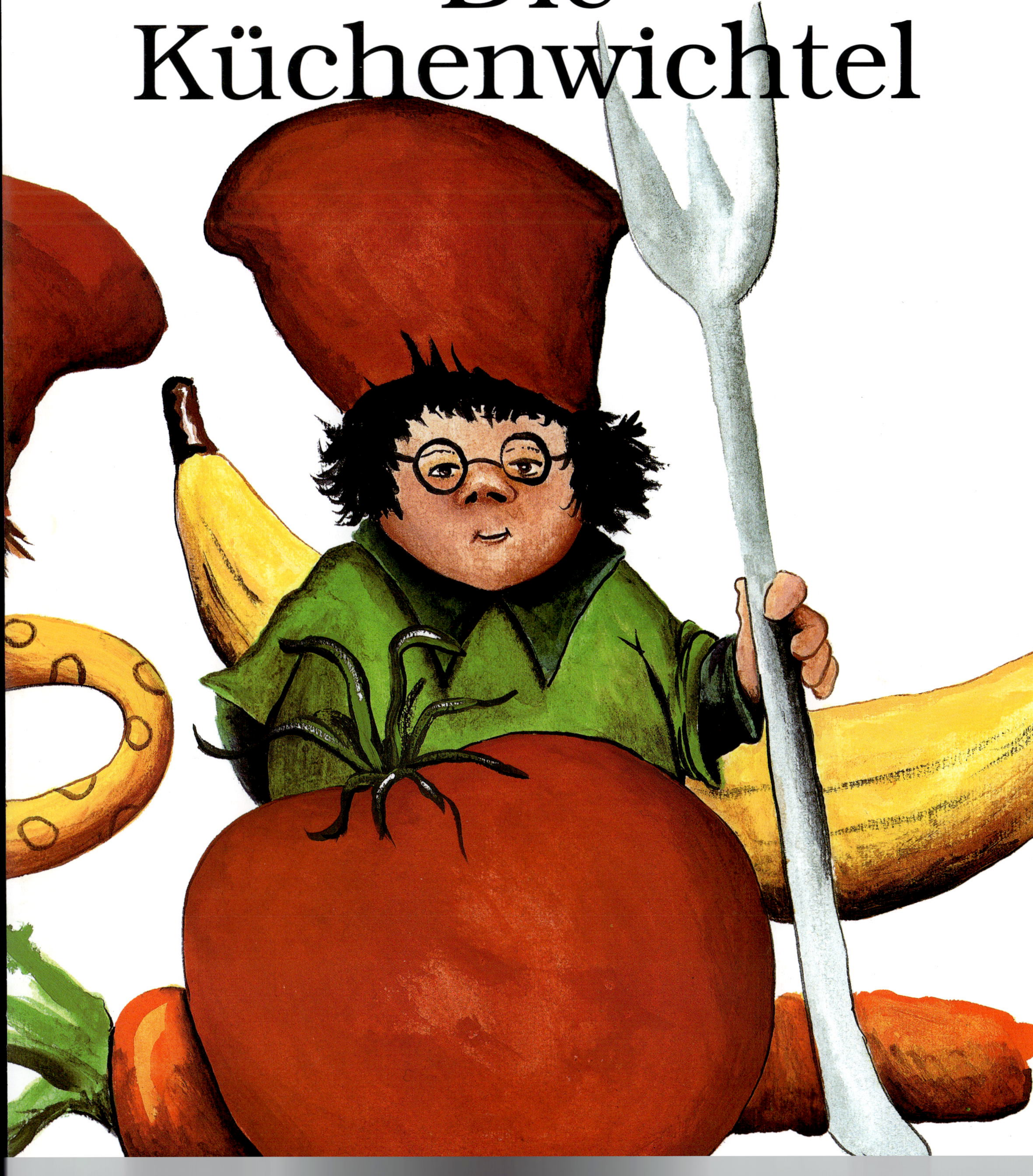

Inhalt

Vorwort

Essen gehört für viele zu den schönsten Dingen im Leben. Auf jeden Fall gilt das für die Küchenwichtel.
Diese winzigen Wesen aus dem Zauberwald sind immer gut gelaunt, wenn es etwas zu essen gibt. Meistens sind sie dann hinterher so satt, daß sie müde werden und ein kleines Verdauungsschläfchen halten müssen.
Im Zauberwald geht alles viel leichter als in unserer Menschenwelt. Aber auch den Küchenwichteln fliegen die gebratenen Tauben nicht einfach in den Mund, und auch im Wichtelwald fließen keine Bäche aus Milch und Honig. Das heißt nichts anderes, als daß selbst die Küchenwichtel kochen müssen, bevor sie eine Mahlzeit auftischen können.
Zum Kochen gehört jedoch mehr, als nur Wasser in einem Topf heiß zu machen. Man muß wissen, welche Pilze man essen kann und welche Kräuter am besten duften; auch das Zwiebelschneiden und das Kartoffelschälen wollen gelernt sein; und schließlich möchte jeder doch gern wissen, wie man die süßeste Nachspeise der Welt herstellt, oder etwa nicht?
Aber keine Angst: Wenn die Wichtel es lernen, dann könnt ihr das sicher auch. Denn die Küchenarbeit ist wichtelleicht, wenn man es nicht zu schwer nimmt.
Und nun viel Spaß mit den Küchenwichteln auf ihrer Suche nach den besten Rezepten.

Tief im Wald, wo es am dunkelsten ist und wo der Schnee am längsten liegenbleibt, wo die Tannenzapfen am längsten und die Erdbeeren am süßesten sind, genau dort leben die Küchenwichtel.

Nun werdet ihr fragen, wie sie denn aussehen, diese Küchenwichtel. Wie groß sind sie? Schlafen sie lieber nachts oder am hellichten Tag? Welche Augenfarbe haben sie? Haben sie lange, dünne Wimpern, oder kurze, dicke? Oder etwa lange, dicke? Und warum heißen sie nicht einfach Waldwichtel, wo sie doch im Wald leben? Und warum haben wir noch nie

zuvor etwas von diesen Küchenwichteln gehört? Und, und und... – noch siebenhundertsiebenundsiebzig andere Fragen werdet ihr stellen. Mindestens.
Alle kann ich nicht beantworten. Aber wenn ihr wollt, erzähle ich euch die ganze Geschichte von den Küchenwichteln. Am besten von Anfang an.

Alles begann an einem Freitag vor drei mal sieben Sonnenaufgängen. Da stöberte der allerzauberhafteste Wichtelzauberer Quirlquirl durchs Unterholz. Er war auf der Suche nach frischen Pilzen fürs Mittagessen. Plötzlich aber sauste aus heiterem Himmel ein dicker Ast herab und traf den Zauberer mitten auf die Stirn. Erst drei Stunden später erwachte Quirlquirl wieder. Er überlegte lange, aber er konnte sich an nichts mehr erinnern: Er wußte nicht mehr, wer er war und wie er hieß, er wußte nicht, wo er war und warum, er wußte nicht einmal mehr, daß man essen muß, wenn man Hunger hat. Und das weiß sonst jeder, vor allem, wenn er ein Küchenwichtel ist, denn die haben fast immer Hunger.

Als es Mittag wurde, vermißten die Küchenwichtel ihren Zauberer. Sie schwärmten aus, ihn zu suchen. Es dauerte nicht lange, da fanden sie ihn im Unterholz, ohne seine rote Mütze, aber dafür mit einer dicken Beule auf

der Stirn. Nun müßt ihr wissen, daß Quirlquirl nicht irgendein gewöhnlicher Zauberer war. Er war nämlich der Küchenzauberer. Er allein kannte all die geheimen Rezepte des Wichtelvolkes, er allein wußte, wie man aus den Wurzeln und Gräsern, den Beeren, Körnern und Kräutern, aus Pilzen und Früchten, aus Tannenzapfen und Eichenblättern schmackhafte und duftende Gerichte zubereiten konnte.
Nichts auf der Welt macht den Küchenwichteln nämlich mehr Freude, als gut und viel zu essen, und das am besten schnell und sieben Mal täglich. Nichts auf der Welt aber langweilt die Küchenwichtel mehr, als am Herd zu stehen, Suppe umzurühren oder sich Rezepte zu merken.

Genau das war die Aufgabe des Küchenzauberers Quirlquirl. Aber nun hatte er sämtliche Rezepte vergessen. Schlimmer noch: Er wußte nicht einmal mehr, was man essen konnte. Eine Erdbeere konnte er nicht mehr von einer Zwiebel unterscheiden, Haselnuß und Löwenzahn waren ihm gleich, zum Spitzwegerich sagte er Maus, zum Steinpilz Wolke, und am besten schmeckten ihm nun alte Kieselsteine.

Oh, da jammerten die Wichtel sehr. Stundenlang.
„Was soll aus uns werden“, klagten sie, „wenn niemand für uns kocht? Müssen wir jetzt verhungern?“
So seufzten und stöhnten sie einen halben Tag lang und noch einmal drei Stunden.

Schließlich ergriff der Oberküchenwichtel Reduard das Wort: „Ich habe eine Idee. Hanna, die Haselmaus, hat mir von einem Land hinter allen Bäumen erzählt, wo seltsame Lebewesen hausen, die auf zwei

Beinen laufen wie wir. Aber sie sollen so groß sein wie kleine Bäume, und sie stellen Mausefallen auf. Diese Riesen nennen sich selber Minschen, oder Monschen oder so ähnlich. In ihren Häusern gibt es eine Zauberwerkstatt, die man Käche nennt, vielleicht heißt es aber auch Kiche. Jedenfalls werden dort Speisen gezaubert, die sogar den Mäusen schmecken. Ich schlage vor, daß wir einige Mutige auswählen, die sich zu diesen Wesen wagen und ein paar Speisen und Rezepte stehlen. Dann können wir uns selber helfen, bis Quirlquirl wieder gesund ist."

Der Plan hörte sich gut an. Die Küchenwichtel wären aber auch mit jedem anderen Plan einverstanden gewesen, wenn nur etwas getan würde, denn der Hunger knurrte in ihren Bäuchen wie ein kranker Wolf. Also wurden schnell drei Küchenwichtel ausgewählt.

Der erste war Dreistein, der so hieß, weil er klüger war als Zweistein, der früher einmal der klügste Küchenwichtel gewesen war. Dreistein konnte lesen und manchmal auch schreiben, und er wußte, wie man Buchseiten umblättert. Außerdem trug Dreistein eine Brille auf der Nase. „Damit ich überall durchblicke", behauptete Dreistein. Manche glaubten aber, die Brille sei nur dazu da, daß ihm keine Mücken in die Augen schwirren.

Dann kam Rosmarina. Sie hatte rötliches Haar, sie war frech wie sonst fast niemand und stets zu Streichen aufgelegt. Vor allem aber hatte sie die feinste Nase unter all den Küchenwichteln. Sie konnte sogar Regenwolken riechen, auch wenn der Himmel noch ganz blau war.

Der dritte im Bunde war Mampfredo. Ihn hielten die Küchenwichtel für den allergrößten Feinschmecker, weil er doppelt so viel und doppelt so schnell essen konnte wie alle anderen. Mampfredo konnte so viel verschlingen, wie er wollte, satt wurde er davon nicht. „Essen macht hungrig", sagte Mampfredo.

Wer sich auf eine Reise macht, der muß an einiges denken. Zum Beispiel an eine Zahnbürste. Oder an ein Stück Seife. Mampfredo allerdings braucht keine Seife, denn er ist wasserscheu. Vielleicht packt man auch einen Pullover ein, damit man in der

Nacht nicht friert, oder weil es plötzlich Winter werden könnte. Aber die Geschichte spielt zum Glück im Sommer und außerdem frieren Küchenwichtel nicht. Sie frösteln manchmal ein wenig, aber nicht weil es kalt ist, sondern weil sie hungrig sind.

Wichtiger als alles andere ist jedoch die Richtung. Die Richtung kann man nicht in den Rucksack packen, die muß man wissen. Manche gehen am liebsten nach Norden, andere nach Süden. Es gibt sogar welche, die immer nach Südwesten gehen, wenn sie eine Reise beginnen. Die Küchenwichtel gingen einfach geradeaus und immer der Nase nach. In dieser Richtung vermuteten sie den Waldrand. Der Waldrand liegt ganz am Rand des Waldes, wie sich wohl jeder denken kann. Je größer nun der Wald ist, desto weiter ist der Weg zum Waldrand. Das verstehen wir auch. Aber was nützt einem das, wenn die Füße weh tun? Mampfredo nämlich schimpfte schon nach zehn Minuten. Nach einer halben Stunde knurrte er. Nach drei Stunden jammerte er. Sieben Stunden später schwitzte er nur noch. Rosmarina und Dreistein liefen immer weiter, und Mampfredo mußte ihnen folgen, wenn er nicht im Wald alleine zurückbleiben wollte. Und das will keiner.

Die Wichtel marschierten die ganze Nacht hindurch, und endlich, kurz nachdem die Sonne aufgegangen war, erreichten sie den Waldrand. Vor ihnen dehnten sich Äcker und Wiesen aus, fast bis hinter den Horizont. Plötzlich reckte Rosmarina die Nase in die Luft und schnüffelte.
Sie flüsterte: „Ich weiß nicht, was es ist, aber es riecht nach Eßbarem."
„Hoffentlich sind es Erdbeernüsse mit blaugesprenkeltem Pfifferlingsmus", sagte Mampfredo beim Weitergehen und leckte sich die Lippen.

Rosmarina lief voraus, immer dem Duft nach. Bald erblickten sie in der Ferne ein großes Gebäude, größer als alle

Ameisenhaufen, die sie bis jetzt gesehen hatten. Die Küchenwichtel schlichen weiter durchs Gras. Plötzlich entdeckten sie einige braune Tiere mit weißen Flecken. Mampfredo stellte mit Kennermiene fest: „Es sind keine Eichhörnchen."
Da hatte er recht. Die unbekannten Tiere waren größer als Rehe und nicht so schlank. Waren es vielleicht die

feuerspeienden Drachen aus den Märchen, die Reduard ihnen vor dem Einschlafen erzählen mußte? Oder waren es Elefantenbären, wie Rosmarina vermutete? Dreistein schüttelte unwillig seinen Kopf. „Nichts da! Ich glaube es sind Kühe. Ich habe gelesen, daß sie am liebsten Gras essen.“

Mampfredo verzog das Gesicht. Er mochte kein Gras, feuchtes Moos schmeckte ihm viel besser. Jetzt näherte er sich der Kuh und sagte: „Guten Tag, Herr Kuh!“
Die Kuh kaute weiter und schaute den Küchenwichtel nur wortlos an.
„Die spricht wohl nicht mit jedem“, sagte Mampfredo enttäuscht.
„Vielleicht hast du sie falsch angeredet, vielleicht ist es eine Frau Kuh.“

Mampfredo zuckte mit den Schultern. „Keine Ahnung. Ich weiß nur, daß sie ihren Rucksack am Bauch trägt und nicht auf dem Rücken. Sehr seltsam, wenn ihr mich fragt.“

„Wieso trägt sie den Rucksack am Bauch?“ fragte Rosmarina.
Dreistein schüttelt nur den Kopf, während Mampfredo laut nachdachte. „Wenn sie den ganzen Tag hier im Gras spazierengeht, dann braucht sie Verpflegung. Wahrscheinlich ist der Rucksack voll mit leckeren Dingen“, sagte Mampfredo. Er schloß die Augen. Ihm war schwindlig bei dem Gedanken, daß er schon seit Stunden nichts mehr gegessen hatte.
„Von wegen Rucksack!“ rief Dreistein. „Das ist das Euter der Kuh.“
„Euter oder Rucksack, das ist mir Wurst. Aber wo geht er auf?“ fragte Mampfredo. „Ich sehe nirgends Knöpfe und auch keinen Reißverschluß.“

Rosmarina war inzwischen an einem Getreidehalm hochgeklettert. Von hier aus konnte sie das Euter berühren.
„Es ist ganz warm", rief sie. „Da baumeln dicke Äste an dem Euter."
Dreistein raufte sich die Haare.
„Das sind keine Äste, nicht einmal Zweige. Das sind die Zitzen."
„Mach keine Witze", antwortete Rosmarina. „Und zu was sind die Zitzen gut?"
„Ich habe gelesen, daß man daran ziehen soll", brummte Dreistein.

Kaum hatte er das gesagt, da hatte Rosmarina es auch schon getan. Die Wirkung war umwerfend. Aus der Zitze schoß eine weiße Flüssigkeit. Rosmarina bekam den Strahl mitten ins Gesicht und fiel vom Halm hinunter ins Gras.
„Gemeinheit!" Sie wischte sich das Gesicht ab. Rosmarina war wütend. „Schurke! Bösewicht! Blöde Kuh!" fauchte sie. Plötzlich aber war sie still. Sie leckte sich die Finger ab und sagte: „Das schmeckt!"

„Das muß Molch sein", sagte Dreistein, verbesserte sich aber gleich: „Nein, Milch heißt es."
„Ist Milch giftig?" fragte Mampfredo.
„Nein", antwortete Dreistein.
„Dann sollten wir die Kuh schnell leertrinken, bevor sie ausläuft und die ganze Milch im Boden versickert."

Mampfredo kletterte auf einen Halm, um die Zitzen zu erreichen. Aber die Kuh kümmerte sich nicht um den Küchenwichtel. Sie riß sich einen Büschel Gras ab und trottete kauend davon. Mampfredo klammerte sich am Halm fest und schimpfte. Aber die Kuh wedelte nur mit dem Schwanz. Alle Kühe versammelten sich in einer Ecke der Weide vor einem Tor.

„Sie haben Angst vor uns", sagte Rosmarina. Aber das konnte sie selber nicht glauben.

Plötzlich tauchte ein zweibeiniger Riese auf.
„Ein Minsch", rief Dreistein.„Mir tun die Minschen leid", sagte Mampfredo. „Das muß schrecklich sein, wenn man so groß ist. Man macht nur Lärm, wenn man über die Wiese geht, und wenn man Pech hat, dann stößt man mit dem Kopf an die Sonne." Mampfredo atmete erleichtert auf. „Ein Glück, daß ich kein Riese bin."

Der Riese öffnete das Tor und ließ die Kühe von der Weide. Jetzt wurde es höchste Zeit, etwas zu unter-

nehmen. Mampfredo hüpfte im Kreis herum, und seine Stimme überschlug sich vor Aufregung. „Wenn die Kühe nicht mehr hier sind, dann können wir sie nicht leertrinken.“

„Gut erkannt!“ stimmte Dreistein zu, und Rosmarina rief: „Nichts wie hinterher!“ Die drei Küchenwichtel ergriffen ihre Rucksäcke, hielten die Mützen fest und rannten so schnell sie konnten den Kühen hinterher. Sie jagten durchs hohe Gras, vorbei an Maulwurfshügeln, überquerten einen Wassergraben auf einem dicken Strohhalm, erreichten einen Feldweg, und als sie schon glaubten, sie hätten die Spur der Kühe verloren, da erreichten sie ein Haus. Hier wohnten die Minschen und auch die Kühe. Die Wichtel staunten fast sieben Minuten lang. Das Haus war fast so groß wie der ganze Wichtelwald.

Die Kühe waren in einer dunklen Höhle verschwunden. Vorsichtig schlichen die Wichtel hinterher. In der Höhle war es schön warm.

Mampfredo gähnte, und seine Augenlider wurden schwer wie Ziegelsteine. Er wäre sicherlich auf der Stelle eingeschlafen, wenn ihn nicht der Hunger wachgehalten hätte. Plötzlich aber riß Mampfredo die Augen auf und war wieder hellwach: „Der Riese trinkt die Kuh aus!“

Tatsächlich zog der Riese an den Zitzen der Kuh. Die Milch spritzte nur so heraus und in einen großen Eimer hinein. Der Riese ging von einer Kuh zur nächsten, und wenn der Eimer voll war, dann leerte er ihn in eine große silbrige Kanne.

Bald darauf war der Riese mit der Arbeit fertig und verließ den Stall. Die Kühe waren nun leer, wie Rosmarina feststellte.
„Wir müssen etwas tun“, sagte Dreistein. „Sonst verhungern wir.“
Es gab nur eine Möglichkeit an die Milch zu kommen. Mit Leiter und Seil. Das war zwar sehr, sehr gefährlich, aber Wichtel kennen keine Angst, wenn sie hungrig sind.

Ihr seid wohl neu hier?" fragte plötzlich jemand, der im Schatten hinter einer Gießkanne stand.
Zuerst erschraken die Wichtel natürlich. Aber als sie genauer hinschauten, da war es bloß eine Maus. Sie war allerdings ganz anders angezogen als die Mäuse im Wald.
„Steht dir gut, der Pullover!" sagte Rosmarina anerkennend.
„Danke", sagte die Maus und verbeugte sich leicht. „Ich habe ihn auf dem Dachboden gefunden. Er duftet nach Seife und Mottenkugeln, ein herrlicher Duft, nicht wahr?"

Die Wichtel waren zwar nicht ganz dieser Meinung, aber sie nickten. Schließlich waren sie ja fremd im Haus der Maus.

Die Maus ahnte ihre Gedanken und sagte: „Nein, mir gehört das Haus nicht. Es ist ein Bauernhaus und gehört deshalb dem Bauern und der Bäuerin."
„Wem gehören die Kühe?" fragte Mampfredo, der sich noch immer am

Rand der Milchkanne festklammerte und mit einem Strohhalm warme Milch einsaugte.
„Die gehören auch dem Bauern, und die Milch ebenso."
„Meinst du, wir dürfen, ein Schlückchen, ..."
„Klar", flüsterte die Maus. „Man darf sich nur nicht erwischen lassen. Vor allem nicht vom Kater. Der versteht keinen Spaß. Und der Hofhund ist auch nicht viel besser. Zum Glück ist er ein wenig kurzsichtig und bemerkt so kleine Wesen wie uns höchstens, wenn er darüberstolpert."

Die Maus verschwand in einer Ritze und kehrte mit einer Schnur zurück, an der ein Haken festgebunden war. Sie warf den Haken nach oben, Mampfredo fing ihn auf und befestigte ihn am Rand der Kanne. Nun konnte einer nach dem anderen ganz bequem nach oben klettern und Milch trinken, bis er satt war.

„Jetzt fehlt nur noch der Nachtisch", sagte Mampfredo. Doch dann gähnte er und war schon eingeschlafen, genau wie die anderen drei.

Eine Stunde später wurden sie vom Gebell des Hofhunds geweckt. Zum Glück war er jedoch weit weg und konnte die Wichtel nicht davon abhalten, noch ein paar kräftige Schlucke Milch zu trinken.

Die Maus sagte: „Ich heiße übrigens Mitzi Maus und bin zur Zeit die einzige Maus auf dem Bauernhof. Die anderen sind alle in Urlaub. Schön, daß ihr hier seid, da kommt wenigstens ein wenig Abwechslung ins Haus."
„Und du kannst uns vielleicht ein paar Sachen erklären, die wir nicht kennen oder nicht verstehen."
„Genau!" rief Mampfredo. „Ist Milch eigentlich gesund?" Und wann gibt es wieder frische?"

„Milch ist sehr gesund", sagte Mitzi Maus. „Da sind Vitamine drin. Und der Mäusedoktor sagt immer: Wer täglich Milch trinkt, der kriegt starke Knochen und weiße Zähne. So wie ich."
Mitzi zeigte ihre Vorderzähnchen. Da staunten die Wichtel sieben Minuten lang. Nur Rosmarina wollte keine so spitzen und langen Zähne.
„Dann trinkst du eben nur die Hälfte, und ich übernehme deine Portion", sagte Mampfredo. „Ich finde spitze Zähne schön."

Schließlich runzelte Dreistein die Stirn und sagte: „Aber wie kriegen wir die Milch in den Wald? Ich glaube kaum, daß so eine Kuh freiwillig mit uns kommt."
„Wir könnten sie entführen", überlegte Rosmarina. Aber dann erinnerte sie sich daran, wie groß so eine Kuh war, und sie sagte:
„Vielleicht lieber doch nicht."
Mitzi Maus lachte. „Am besten schmeckt die Milch frisch aus der Kuh. Aber die Bauern füllen die Milch in Flaschen ab. Die kann man nach Hause tragen. Es gibt auch H-Milch."

„Was ist denn das? Hustenmilch?"
„Haselnußmilch? Himbeermilch?"
„Nein, die hält sich nur länger. Die kann ein paar Monate bei euch im Wald stehen, ohne daß sie sauer wird."
Mampfredo schüttelte den Kopf.
„Wenn Milch sauer wird, dann will ich keine haben. Erinnert ihr euch noch, als der Fuchs einmal sauer wurde, weil wir ihm Salz in den Kakao geschüttet haben? Er hätte uns um ein Haar gefressen, so sauer war er.

Mitzi lachte. „Aber die Milch ist kein Fuchs. Saure Milch kann keine Zähne fletschen und einem nicht hinterherrennen, Ihr dürft sie nur nicht mehr trinken. Davon bekommt man nämlich Bauchweh.“

Dreistein wischte sich den Mund ab und überlegte. Schließlich sagte er: „Schön und gut. Aber wenn wir täglich immer nur Milch trinken, dann wird uns das bald langweilig.“
„Dann müßt ihr eben abwechseln“, sagte Mitzi Maus. „Die Menschen kennen viele Tricks, um die Milch zu verzaubern.“
Mampfredo war nicht der mutigste Wichtel. Jetzt schaute er sich mißtrauisch um und sagte leise: „In was wird die Milch verwandelt? In einen gefährlichen Drachen?“
„Nein, nein!“ lachte Mitzi Maus.
„In einen glitschigen Frosch vielleicht? Oder ein Gespenst mit funkelnden Augen, das nachts auf meinem Kopfkissen sitzt und kichert?“
„Ach was!“ Mitzi schüttelte den Kopf. „Sie verzaubern die Milch in andere Speisen. Zum Beispiel in Käse, der uns Mäusen ebenso gut schmeckt wie Speck und Schinken. Es gibt sehr viele verschiedene Käsesorten. Harten Käse, weichen Käse, milden Käse, würzigen Käse. Mir schmeckt der am besten, der so richtig nach Käse stinkt.“

Rosmarina rümpfte die Nase. „Ich kenne den Geruch. Immer wenn Mampfredo seine Schuhe auszieht, dann...“
Mampfredo protestierte. Er hatte sich erst letztes Jahr die Füße gewaschen. Rosmarina entschuldigte sich, aber sie mochte so und so keinen Käse. Sie war eher eine Naschkatze und hatte am liebsten leichte und lockere Speisen, vor allem jedoch mußten sie süß sein.

Mitzi nickte. „Wer keinen Käse mag, der macht aus der Milch Quark, Joghurt, Dickmilch oder Sauermilch. Und das alles kann man mit Kräutern würzen, aber auch mit Saft oder Marmelade versüßen, ganz wie man will.“

„Ich dachte, man kann saure Milch nicht trinken?“ fragte Dreistein.
„Nun“, sagte Mitzi, „saure Milch und Sauermilch sind zwei ganz verschiedene Dinge. Wenn man Sauermilch oder Joghurt herstellen will, dann braucht man Pilze oder Bakterien. Und zwar ganz bestimmte, mit ganz schwierigen Namen, die sich höchstens ein Fuchs oder ein Mensch merken kann. ‘Lactobazillus bulgaricus’ zum Beispiel.“
„Klingt ja furchtbar“, gähnte Mampfredo, der sich Worte mit mehr als drei Silben sowieso nicht merken konnte.
„Diese Bakterien oder Pilze gibt man in die Milch, die man dann für ein paar Stunden in eine warme Ecke stellt. Dabei verwandelt sie sich von ganz allein in Sauermilch oder Joghurt oder Kefir.“

Wer verwandelt sich ?" fragte Rosmarina. „Die Ecke? Das glaube ich nicht."
Mitzi Maus war vier Sekunden lang beleidigt, dann sagte sie. „Natürlich nicht die Ecke. Die Milch verwandelt sich, ganz von allein, ohne Zauberei und Hokuskrokus Tulpenzwiebel."

Und das schmeckt, diese Jomilch und der Sauerghurt?" fragte Mampfredo.

Mitzi nickte. „Ja. Wollt ihr mal probieren?" Selbstverständlich wollten die Küchenwichtel, dazu waren sie schließlich gekommen.

Mitzi führte die drei aus dem Stall über den Hof zum Haus, wo die Menschen wohnten. Die Maus ermahnte die Wichtel, nur ja keinen Lärm zu machen, denn der Kater hatte sehr scharfe Ohren und noch viel schärfere Krallen.
So schlichen die vier immer an der Wand entlang ins Haus. Das war allerdings nicht allzu schwierig, denn selbst geschlossene Türen können einen echten Wichtel nicht aufhalten. Er macht sich einfach ganz dünn und schlüpft unter der Tür durch. Nur für Mampfredo war das ein wenig anstrengend, weil er nun mal dicker war als die anderen Wichtel. „Ich bin nicht dick!" erklärte er allen, die das behaupteten. „Ich habe nur so einen großen Hunger in mir drin, und deshalb sehe ich so dick aus."

Wie dem auch sei, bald hatten sie die Küche erreicht. Von der Katze war nirgends etwas zu sehen, aber je näher sie der Küche kamen, desto verlockender wurden die Düfte, die den Wichteln entgegenschwebten.
„Ja, das riecht gut", sagte Mitzi Maus. „Aber wartet nur, bis wir die Küche erreicht haben. Dort duftet es wie im Paradies. Aber wir müssen uns beeilen, die Sonne geht nämlich schon bald unter."
„Na und?" sagte Mampfredo, „mir schmeckt die Milch auch in der Nacht. Und am besten schmeckt es sowieso im Bett, da ist es weich und warm, und wenn man satt ist, kann man gleich einschlafen, ohne daß man noch weit gehen muß. Weit gehen ist anstrengend und langweilig und man wird sehr hungrig davon."
Mitzi Maus schüttelte den Kopf. „Aber in der Dunkelheit ist es zu gefährlich im Haus. Am Abend wacht nämlich der faule Kater auf und geht auf die Jagd. Viel erbeutet er ja nicht, weil er so faul ist, aber man weiß nie. Am besten geht man ihm aus dem Weg."

„Dann nichts wie los!" rief Mampfredo, der es plötzlich sehr eilig hatte. Mitzi Maus lief voran, die Wichtel

hinterher. Sie überquerten einen frisch gewachsten Holzboden, wobei Mampfredo dreimal ausrutschte und auf dem Hintern landete. Das kostete ein bißchen Zeit. Aber nicht so viel wie die Treppe, deren Stufen so hoch waren, daß Mampfredo sie nur mit größter Anstrengung und mit lautem Keuchen und Stöhnen erklimmen konnte. Und dann mußten sie unter sieben Türen durch: Siebenmal mußten sie auf Mampfredo warten.

Als sie endlich die achte Tür erreicht hatten, als Mampfredo gerade achtmal tief durchgeatmet hatte, als Mitzi Maus gerade sagte: „Dahinter ist die Küche!“ – genau in diesem Augenblick ging die Sonne unter.

„Zu spät!“ flüsterte Mitzi Maus.

„Es ist zu gefährlich. Am besten kommt ihr mit zu mir in meine kleine Wohnung. Für Wichtel ist immer Platz, und ihr seid heute Nacht meine Gäste.“

Köstliches von der Kuh

Starkmacher Müsli

FÜR 4 PORTIONEN:

- 2 Becher Joghurt
- 300 g Dickmilch
- 2 Tassen Vollkornhaferflocken
- 2–3 EL gehackte Nüsse
- 2–3 EL Honig
- 2 Mangofrüchte
- Saft von 1 Zitrone
- 1 Tasse Weizenkeime
- 4 Vollkornbrötchen
- 4 TL Butter oder Margarine

SO MACHST DU'S

1. Den Joghurt und die Dickmilch mußt Du in eine Schüssel geben und mit dem Schneebesen glattrühren.

2. Die Haferflocken und die Nüsse kannst Du ebenfalls in eine Schüssel geben und mit einem Löffelchen vermischen.

3. Den Honig mußt Du nun in die Joghurtdickmilch mit Hilfe des Schneebesens einrühren.

4. Die Mangofrüchte mußt Du dünn schälen und das Fruchtfleisch vom Kern lösen, hierfür mußt Du ein kleines Gemüsemesser verwenden, aber Vorsicht, daß Du Dich nicht schneidest.

5. Das Mangofruchtfleisch kannst Du nun in mundgerechte Würfelchen schneiden und mit Zitronensaft beträufeln.

6. Die Weizenkeime mußt Du verlesen, waschen, gut abtropfen lassen und mit den Mangofrüchten zu den Haferflocken geben, verrühre das Ganze nochmals vorsichtig.

7. Zum Schluß gibst Du die Joghurtdickmilch dazu, verrührst es vorsichtig mit einem Kochlöffel und läßt es 4–5 Minuten ziehen.

8. In der Zwischenzeit kannst Du die Vollkornbrötchen halbieren und dünn mit Butter oder Margarine bestreichen.

9. Jetzt kannst Du das Müsli in dekorative Schalen füllen, mit Früchtewürfeln, Kräuterzweigen und gehackten Nüssen ausgarnieren und mit den Brötchen sofort servieren.

Buttermilch-waffeln mit Kirschen

FÜR 4 PERSONEN:

125 g Butter oder Margarine
50 g Zucker
2 Päckchen Vanillezucker
4 Eier
300 ml Buttermilch
250 g Mehl
1 TL Backpulver
1/2 TL Zimtpulver
Fett zum Ausbacken

AUSSERDEM:

250 g frische Kirschen
1/8 l Kirschsaft
Zucker nach Geschmack
Speisestärke zum Binden
4 Portionen Vanilleeis

SO MACHST DU'S

1. Das Fett mußt Du in eine Schüssel geben, den Zucker und den Vanillezucker dazugeben und mit dem Schneebesen oder mit Hilfe der Küchenmaschine schaumig schlagen.

2. Die Eier gibst Du nun nach und nach dazu, dabei mußt Du aber kräftig weiterschlagen. Das Mehl sieben und mit dem Backpulver und dem Zimt vermischen.

4. Jetzt die Mehlmischung eßlöffelweise mit der Buttermilch unter den Teig ziehen.

5. Jetzt kannst Du ein Waffeleisen erhitzen, aber sei vorsichtig. Fette es dann mit etwas Backfett aus und gib eßlöffelweise den Teig auf das Eisen. Jetzt kannst Du die Waffeln in kürzester Zeit goldgelb ausbacken.

6. Für die heißen Kirschen, mußt Du die Kirschen verlesen, waschen, gut abtropfen lassen, mit dem Kirschsaft in einen Topf geben und aufkochen.

7. Das Kirschkompott kannst Du nun mit Zucker süßen, mit der Speisestärke kannst Du das Ganze leicht binden, hierfür mußt Du 1–2 EL Speisestärke in etwa 1/2 Tasse kaltes Wasser geben und glattrühren. Das Ganze rührst Du nun vorsichtig mit dem Kochlöffel unter das Kompott und läßt das Ganze einmal aufkochen.

8. Wenn Du alle Waffeln ausgebacken hast, richtest Du diese dekorativ an, gibst 1 Portion Eiscreme darauf und überziehst das Ganze mit den heißen Kirschen.

9. Jetzt mußt Du ganz schnell sein, da sonst das Eis schmilzt. Gib einige frische Früchte obendrauf und serviere das Ganze.

Knusperwaffeln

FÜR 4 PERSONEN:

250 g zarte Haferflocken
1/2 l Milch
200 g Butter
4 EL Zucker
4 Eier
1 TL gemahlenen Zimt
1 EL Salz
Butterschmalz zum Ausbacken

AUSSERDEM:

1 kleines Glas Karottenmarmelade
1/8 l Orangensaft

SO MACHST DU'S

1. Für die Knusperwaffeln mußt Du die Haferflocken in eine Schüssel geben, die Milch angießen und das Ganze über Nacht ausquellen lassen.

2. Wenn Du nun an die Zubereitung gehst, mußt Du die Butter in eine Schüssel geben und mit dem Schneebesen schaumig schlagen. Hierfür kannst Du auch eine Küchenmaschine verwenden.

3. Den Zucker mußt Du dann zum Butterschaum geben und solange schlagen, bis sich dieser vollständig aufgelöst hat. Jetzt gib die Eier nach und nach dazu und schlage dabei kräftig die Masse durch.

4. Die Masse gibst Du nun zu den Haferflocken und bereitest so einen Teig vor. Das Zimtpulver, das Salz mußt Du zum Schluß unter den Teig ziehen, schmecke das Ganze ein wenig ab, damit Du die genaue Menge an Salz verwenden kannst.

7. Jetzt kannst Du das Waffeleisen erhitzen und portionsweise den Teig einfüllen und goldgelbe Waffeln ausbacken.

8. Die Karottenmarmelade mußt Du mit dem Orangensaft in eine Schüssel geben und glattrühren, wenn Du die Waffeln dekorativ angerichtet hast kannst Du das Ganze mit der Marmelade bestreichen und wenn Du noch Lust hast mit Puderzucker bestauben, garniere es aus und serviere es sofort.

Buttermilchzopf

FÜR DEN TEIG:

250 ml Buttermilch
1 EL Zucker
1 Würfel Frischhefe

AUSSERDEM:

100 g Zucker
1 Päckchen Vanillezucker
100 g Butter oder Margarine
2 EL geriebene Zitronenschale
einige Tropfen Vanillearoma
500 g Weizenmehl
Mehl zum Ausrollen
Fett zum Ausfetten
1 Eigelb zum Bestreichen

SO MACHST DU'S

1. Erhitze die Buttermilch handwarm, rühre den Zucker und die zerbröckelte Hefe hinein und lasse das Ganze an einem warmen Ort 10–15 Minuten gehen.

2. Nun mußt Du den Zucker mit dem Vanillezucker, dem Vanillearoma, dem gesiebten Mehl und der Hefemilch in eine Schüssel geben und zu einem glatten Teig verarbeiten.

3. Du mußt den Teig mit dem Kochlöffel so lange schlagen, bis er Blasen wirft.

4. Decke den Teig mit einem sauberen Küchentuch ab und lasse ihn an einem warmen Ort mindestens 30 Minuten gehen.

5. Schlage den Teig durch und lasse ihn nochmals 30 Minuten gehen.

6. Anschließend den Teig auf einer bemehlten Arbeitsfläche durcharbeiten und in drei gleich große Stücke teilen.

7. Nun mußt Du die Teigstücke zu Rollen formen und einen Zopf daraus flechten.

8. Lege den Zopf auf ein ausgefettetes Blech und lasse ihn 15 Minuten gehen. Bestreiche den Zopf mit dem mit etwas Wasser verrührten Eigelb und backe ihn im auf 180–200 °C vorgeheizten Backofen 40–45 Minuten aus.

Aachener Reiskuchen

FÜR DEN TEIG:

200 ml Milch
20 g Frischhefe
50 g Zucker
1 Prise Salz
1 EL geriebene Zitronenschale
350 g Weizenmehl

FÜR DEN BELAG:

400 g fertigen Milchreis
1/2 Päckchen Vanillepuddingpulver
1 EL Milch
2 Eigelbe
2 Eiweiße
2 säuerliche Äpfel
2 EL Rosinen

SO MACHST DU'S

1. Die Milch mußt Du lauwarm erhitzen, die Hefe hineinbröckeln, 1 EL Zucker dazugeben und 10–15 Minuten gehen lassen.

2. Nun mußt du die Hefemilch mit dem restlichen Zucker, Salz, der Zitronenschale und dem Mehl zu einem Teig verarbeiten.

3. Der Teig muß so lange mit dem Kochlöffel geschlagen werden, bis er Blasen wirft. Anschließend mußt Du ihn 30 Minuten zugedeckt, an einem warem Ort gehen lassen.

4. Schlage den Teig durch und lasse ihn nochmals 30 Minuten gehen.

5. Nun mußt Du den Teig durchkneten und in sechs gleich große Stücke teilen.

6. Jedes Teigstück zu einem Fladen formen und mit den Fingern einen kleinen Rand hochdrücken.

7. Verrühre den Milchreis mit Puddingpulver, Milch und Eigelben.

8. Schlage das Eiweiß zu halbsteifen Schnee und ziehe ihn vorsichtig unter die Reismasse.

9. Die Äpfel mußt Du entkernen und in kleine Stücke schneiden. Verteile die Stücke auf den Fladen, streue die Rosinen darüber und verteile die Milchreismasse löffelweise darauf.

10. Du mußt die Fladen im auf 180–200 °C vorgeheizten Backofen 20–25 Minuten backen, herausnehmen, anrichten, warm oder kalt servieren.

Gewöhnliche Menschen wie du und ich und der da hinten, die stellen sich so ein Mauseloch sehr eng und dunkel vor. Aber für einen Wichtel reicht der Platz leicht aus. Und gegen die Dunkelheit kann man Licht machen, zum Beispiel indem man eine Kerze anzündet. Dabei spielt es keine Rolle, ob die Kerze rot, weiß, gelb, blau oder grün ist. Mitzi jedenfalls hatte eine dunkelblaue mit weißen Punkten. Das Licht war schön hell und warm und flackerte lustig in alle Ecken und Winkel hinein. Mampfredo interessierte sich nicht allzusehr für Ecken und Winkel, solange es dort nichts zu essen gab. Bei Mitzi Maus jedoch konnte man in jeder Ecke etwas Eßbares finden.

Mitzi zeigte den Wichteln ihre Vorratskammer, die so voll war wie ein Koffer kurz vor dem Urlaub. Mampfredo war fast sprachlos. Aber ein paar Worte fand er noch in seinem Kopf: „Mein Bauch ist leer wie eine Gießkanne ohne Wasser. Wenn du verstehst, was ich meine?“
Mitzi hatte natürlich ganz genau verstanden, was der Wichtel wollte.

Aber so schnell wird bei den Mäusen nicht gegessen. Mäuse legen sehr viel Wert auf gutes Benehmen. Vor dem Essen waschen sie sich die Hände, und zwar mit Wasser und Seife. Das gefiel den Wichteln gar nicht gut. Aber schließlich waren sie zu Gast. Anschließend servierte Mitzi Maus jedem Wichtel eine Walnußschale mit einem sprudelnden Getränk darin. „Willkommen!“ rief Mitzi, und sie stießen alle miteinander an.
„Auf unsere Gastgeberin!“ riefen die Wichtel.

Das Getränk schmeckte wie Gänseblümchenbier, nur ganz anders. Mitzi erklärte, daß es nur aus Wasser und Luft hergestellt wird, und dazu sieben Zutaten, die sie aber nicht verraten könne, weil das ein riesengroßes Mäusegeheimnis sei. „Wer das verrät, den holt die Katze“, flüsterte Mitzi, und die Wichtel vezichteten auf das Rezept.

Anschließend deckte die Maus den Tisch, dann sprach sie ein kurzes Mäusegebet, und endlich trug sie auf, was ihre Speisekammer an Köstlichkeiten zu bieten hatte.
Sieben Jahre alten Emmentaler zum Beispiel, eine besondere Delikatesse, oder zehn Jahre alten Senf! Hartes Brot war ebenso dabei wie butterweiche Äpfel, grüne Möhren und schwarze Bananen. Als Hauptspeise gab es Meeresfisch aus dem vorigen Jahrhundert mit Pommes frites vom letzten Sonntag. Als Nachspeise gab es eine Schüssel Haferbrei mit Paprikasoße, Öl und steinhartem Honig., Schon bei den Worten läuft einem ja das Wasser im Mund zusammen, aber Mitzi hatte alles noch zusätzlich ganz köstlich gewürzt. Es war ein wahres Festessen für die Wichtel.

So viel die Wichtel auch essen konnten, die Vorratskammer einer fleißigen Hausmaus zu leeren, das schaffen sie

nicht. Aber das wollten sie auch gar nicht. Viel lieber wollten sie gleich nach dem Essen schlafen gehen. Aber Mitzi Maus sagte, das sei unhöflich, denn nach dem Essen ist es bei den Mäusen Sitte, daß man noch zusammensitzt und ein paar Lieder singt. Die Wichtel waren leider zu satt zum Singen, aber Mitzi Maus ließ sich die Laune nicht so schnell verderben.
„Dann singe ich eben alleine", sagte sie und hatte schon mit dem ersten Lied begonnen.

Mäuselieder erklingen zwar sehr leise, aber dafür dauern sie um so länger. Die erste Stunde lauschten die Wichtel sehr aufmerksam. Während der zweiten Stunde gähnten sie immer öfter. In der dritten Stunde konnte sich Mampfredo nicht mehr wachhalten. Er kippte einfach nach hinten um und begann zu schnarchen. Mitzi Maus sang dennoch weiter, nur einfach ein wenig lauter. Eine Stunde später schlief Rosmarina ein. Nur Dreistein blieb wach, bis Mitzi Maus ihren Mäusegesang beendet hatte. Da klatschte Dreistein. Mitzi errötete leicht und bedankte sich. „Ich glaube", sagte sie, „wir sollten jetzt ins Bett gehen, denn das Frühstück schmeckt doch immer am besten, wenn man gut ausgeschlafen ist."

Dreistein war derselben Meinung und legte sich zu den anderen Wichteln, die sich auf einem Lappen aus weicher Wolle aneinandergekuschelt hatten. Mitzi verkroch sich in der hintersten Ecke ihrer Höhle in ihr Bett aus Gänsefedern und Schaumgummi.

Die Wichtel träumten von schönen Dingen. Dreistein war ein Adler und flog durch die höchsten Wolken. Und wenn ein Blitz aus einer Wolke funkte, dann lachte er nur, denn ein echter Adler hat vor nichts und niemand Angst, nicht einmal vor einer Bananenschale.

Rosmarina träumte von einem Wanderbett. Man mußte nur denken, wohin man wollte, schon ging das Bett auf seinen Füßen los, rund um die Welt; und wurde nie müde. Nur einmal am Tag mußte man kurz aufstehen und das Federbett aufschütteln, das war alles. Und wenn man Hunger hatte, dann sagte man einfach: Ich habe Hunger, aber ein bißchen plötzlich! Und schon stiefelte

das Bett los zum nächsten Baum, an dem die herrlichsten und härtesten Äpfel baumelten. Ach, das war ein wunderbar bequemer Traum.

Mampfredos Traum war nicht so gemütlich. Er saß an einem Tisch. Vor ihm stand eine Schüssel mit Schokoladenpudding. Aber immer wenn Mampfredo den Löffel in den Pudding bohren wollte, da zuckte der Pudding zurück, und der Löffel blieb leer. Das ging viele Stunden so. Mampfredo wurde schon langsam zornig, als ihm endlich die Lösung einfiel. Er warf den Löffel weg, zog die Schuhe aus und hüpfte einfach in den Pudding. Da blieb der Pudding ruhig, und Mampfredo aß so schnell er konnte. Zum Glück war die Schüssel so groß wie nichts sonst im Traum. Doch manchmal enden die Träume kurz bevor es am schönsten ist.

Gerade als Mampfredo sich eine Handvoll Pudding in den Mund schieben wollte, zupfte ihn jemand sanft am Ärmel und sagte: „Aufstehen, die Sonne scheint, der Kater schläft schon!“

Mitzi lachte. Sie hatte den Tisch schon gedeckt. Und wieder waren es wahre Köstlichkeiten, die da auf die hungrigen Wichtel warteten: zum Beispiel Sauerampferkaffee mit einem Tropfen Hustensaft darin, heiße Schokoladenmilch mit Käseresten, Kuchenteig mit kalten Zitronenscheiben, ein Fisch mit Himbeermarmelade, nicht zu vergessen eine Handvoll Gras mit Senf und einem Klecks braune Schuhcreme obenauf. All das servierte Mitzi Maus zum

Frühstück. Für eine Maus war das ein Festmahl wie im Paradies. Die Wichtel waren aus ihrer Heimat zwar andere Speisen gewöhnt, aber bis auf Gras mit Schuhcreme fanden Sie Mitzis Frühstück durchaus schmackhaft. Und außerdem sättigend, was in diesem Fall vielleicht das wichtigste war.

„Gibt es eigentlich zum Frühstück immer das gleiche?“ fragte Rosmarina, und Mitzi schüttelte den Kopf.
„Man kann jeden Tag etwas anderes frühstücken. Schließlich ist kein Tag wie der andere. Bei den Menschen gibt es noch viele Köstlichkeiten, ihr werdet schon sehen.“
„Gut“, sagte Rosmarina. „Dann können wir die Schuhcreme anders verwenden. Wie wär’s, wenn wir den Kater damit einschmieren, während er schläft und davon träumt, daß er 100 Mäuse und 257 Wichtel fängt.“

Die Idee fanden alle gut, aber zuerst nahm Dreistein sein Notizbuch aus dem Rucksack, denn er mußte sich alle neuen Speisen und Rezepte aufschreiben. Mitzi erklärte ihm gerne, wie die Mahlzeiten zubereitet wurden, und sie diktierte ihm die Rezepte. Sie sprach dabei sehr langsam, denn Dreistein war im Schreiben nicht der Schnellste. Dennoch war die Arbeit zwei Stunden später beendet.

„Aber jetzt in die Küche!“ rief Mampfredo. „Wo die Sauermilch schon auf mich wartet, wo der Joghurt endlich von mir gefressen werden will!“
„Mir nach!“ rief Mitzi und huschte hinaus ins Haus der Menschen.

Gegen Mittag erreichten sie endlich die Küche. Die Küchenwichtel hatten es nicht für möglich gehalten, welch wunderbaren Düfte hier zu riechen waren.
Allerdings mußten sie auch eine große Schrecksekunde erleben, als sie zum ersten Mal einen Menschen aus der Nähe sahen. Diese Menschen waren Bäume, die laufen konnten. Auf jeden Fall mußten die Wichtel sehr vorsichtig sein, damit sie nicht unter so einen Menschenfuß gerieten. Aber sonst schienen die Menschen keine sehr scharfen Augen zu haben, denn man konnte ihnen fast auf der Nase herumtanzen, ohne daß sie einen bemerkten.

Die Menschen waren gerade dabei, das Frühstück vorzubereiten. Während sich Mitzi Maus lieber am Boden umsah und in einer Ecke ein Stück Weißbrot und eine Scheibe Wurst entdeckte, kletterten die Wichtel ohne zu zögern auf den Tisch. Unter dem Brotkorb fanden sie ein sehr gutes

Versteck. Durch die Löcher im Korb konnten sie sich von den verschiedenen Brotsorten, von den Brötchen und Brezeln eine Kostprobe nehmen. Daheim im Wichtelwald gab es immer nur Brot aus Moos und Tannenzapfen. Das war zwar fein, aber die Brote der Menschen waren doch etwas ganz Besonderes.

Mampfredo liebte vor allem die Brötchen mit dem hellen Teig. Aus dem Teig rollte er sich Kugeln, mit denen er

eine Weile spielte, bevor er sie langsam im Mund zergehen ließ. Rosmarina bevorzugte die Brötchen mit Mohnstreuseln, während Dreistein ein schwarzes Vollkornbrot am besten schmeckte.

Während Mampfredo ständig probierte, schrieb Dreistein alles auf. Immer wieder mußte er Mitzi Maus fragen, was das für Speisen waren und wie man die Namen schreibt: Butter zum Beispiel, Margarine oder Erdnußbutter. Auch Konfitüre war schwer zu schreiben, aber sie schmeckte himmlisch. Rosmarina entdeckte ein Glas mit Blütenhonig und versuchte, ob ein Löffel an der weißen Tischdecke kleben bleibt, wenn man ihn dick mit Honig bestreicht. Sie fand heraus, daß er kleben blieb. Sie fand aber auch heraus, daß man mit Honig noch viel mehr tun konnte: aufs Brot schmieren, den Tee süßen oder das Müsli.

„Aus was ist eigentlich das Brot gemacht?“ wollte Dreistein wissen. „Aus Getreide“, sagte Mitzi. „Es gibt zum Beispiel Roggen, Weizen, Grünkern und Hafer. Die Getreidekörner werden ganz fein gemahlen. Mit Salz, Wasser und Mehl wird ein Teig hergestellt, den man im Ofen ausbäckt.“
Solche langen Erklärungen machten Mampfredo sofort sehr müde. Er wäre auch sicherlich zwischen den Brötchen eingeschlafen, wenn nicht Rosmarina gerufen hätte:
„Getreide schmeckt gut!“
Sie war in eine Schüssel geklettert, die mit süßem Brei gefüllt war.
„Das ist ein Müsli aus Getreidekörnern, mit Milch und Früchten“, sagte Mitzi Maus. „Das gibt Kraft und ist gesund.“ Kraft kann man immer brauchen, und Gesundheit ist auch nicht schlecht, dachte Rosmarina und löffelte das Müsli gleich aus.

Damit hatten die Wichtel nun schon zum zweiten Mal gefrühstückt. Aber schließlich ist das Frühstück die wichtigste Mahlzeit des Tages. Das hatte schon Quirlquirl immer gesagt, bevor ihm der Ast auf den Kopf gefallen war. Wie mochte es ihm gehen?
Bald würden die Küchenwichtel mit vielen neuen Rezepten in den Wald zurückkehren, aber vorher mußten sie erst noch einmal schlafen.

Arca

Wichtel-
Frühstück

Turbodrink

FÜR 4 PORTIONEN

- 500 g Multivitaminbuttermilch
- 4 EL Weizenkleie
- 150–200 g frische Früchte,
- z.B. Weintrauben, Erdbeeren, Kiwi oder Orangen

SO MACHST DU'S

1. Die Multivitaminbuttermilch mußt Du ganz einfach in einen großen Schnabelbecher füllen, die Kleie dazugeben und mit dem Schneebesen kräftig verquirlen.

2. Die Früchte, die Du zu Hause hast mußt Du verlesen, waschen und abtropfen lassen, wenn sie zu groß sind kleinschneiden und anschließend auf Spießchen stecken.

3. Die Multivitaminbuttermilch gießt Du nun in entsprechende dekorative Cocktailgläser, stellst das Fruchtspießchen hinein und servierst das Ganze sofort.

Fitneßpause

FÜR 4 PORTIONEN

- 4 Scheiben Knäckebrot
- 4 TL Butter oder Margarine
- 4 Scheiben gekochten Schinken
- 4 kleine Tomaten
- 4 Mandarinen
- 4 Becher Milchreis natur

SO MACHST DU'S

1. Das Knäckebrot mußt Du mit Butter oder Margarine dünn bestreichen und mit dem gekochten Schinken belegen.

2. Die Tomaten mußt Du waschen und mit den Knäckebrotscheiben und den Mandarinen in die Pausenboxen legen.

3. Denke auch an den Milchreis, den Du Dir mit einpacken mußt und vergiß ein Löffelchen nicht.

Buntes Knäckebrot

FÜR 4 PORTIONEN

- 4 Kiwifrüchte
- 100 g Erdbeeren
- 8 Scheiben Knäckebrot
- 1 Becher körnigen Frischkäse
- 4 EL Honig

SO MACHST DU'S

1. Die Kiwifrüchte mußt Du dünn schälen. Dafür benützt Du am besten ein kleines Gemüsemesser. Schneide oben und unten eine dünne Haube ab, stelle die Kiwifrucht auf die Arbeitsfläche und schneide die Schale mit Hilfe des Gemüsemessers ganz dünn von oben nach unten ab.

2. Die Erdbeeren mußt Du verlesen, waschen, je nach Größe mußt Du sie halbieren oder in Scheiben schneiden, dann kannst Du die Knäckebrotscheiben bereitlegen.

3. Den Frischkäse gibst Du in eine Schüssel und süßt ihn mit Honig je nach Geschmack.

4. Jetzt kannst Du den Frischkäse auf die Knäckebrotscheiben verteilen und glattstreichen.

5. Die Kiwischeiben und die Erdbeerhälften legst Du dekorativ auf den Frischkäse, garnierst das Ganze aus und servierst es sofort.

Vollkornbrötchen zum Selbermachen

FÜR 16–20 BRÖTCHEN

1 kg Weizenvollkornmehl
60 g Frischhefe
1 EL Zucker
3/4 l Buttermilch
1 EL Salz
40 g Sonnenblumenkerne
75 g Vollkornhaferflocken
75 g gehackte Walnüsse oder andere Nüsse
75 g eingeweichte Rosinen
Butter oder Margarine zum Bestreichen
Mehl zum Bestauben

SO MACHST DU'S

1. Das Mehl zuerst in eine Schüssel sieben und eine Mulde eindrücken. Die Hefe zerbröckelst Du mit der Hand und gibst sie mit dem Zucker in die Mulde.

2. Messe 1/4 l Buttermilch ab und erhitze diese in einem Topf bis sie handwarm ist. Jetzt die Milch ebenfalls in die Mulde geben, mit einer Gabel verrühren und das Mehl dazumischen. Stelle das Ganze zugedeckt an einen warmen Ort und lasse es 10–12 Minuten so stehen.

35. Jetzt gibst Du die restliche Buttermilch, das Salz, die Sonnenblumenkerne, die Haferflocken, die Nüsse und die Rosinen dazu, verrührst alles mit dem Kochlöffel bis sich der Teig vom Topfboden löst und Blasen wirft.

4. Jetzt mußt Du den Teig etwa 1/2–3/4 Stunde gehen lassen, stelle das Ganze wieder an den warmen Ort. Zum Schluß den Teig nochmals durchkneten.

5. Nehme mit bemehlten Händen nun Faustgroße Teigstücke ab und drehe sie zu Kugeln.

6. Die Kugeln gibst Du auf ein mit Butter oder Margarine ausgefettetes Backblech, wartest nochmals 10 Minuten bevor Du dann das Ganze in den auf 180–200 °C vorgeheizten Backofen schiebst.

7. Die Brötchen kannst Du nach 10–15 Minuten, je nachdem wie groß Du sie abgedreht hast herausnehmen, denn dann sind sie fertig. Lasse die Brötchen erkalten und stelle sie zum Verzehr bereit.

Buttermilchquark mit frischen Früchten

FÜR 4 PORTIONEN

- 1 Ananas
- 3 Kiwifrüchte
- 2 Bananen
- 200 g Johannisbeeren
- Saft von 1 Zitrone
- 2-3 EL Zucker
- 500 g Magerquark
- 1/2 l Buttermilch
- 3-4 EL Honig
- 2-3 EL Sanddornmark
- 1-2 EL Apfeldicksaft
- Zucker nach Geschmack
- 1/2 Tasse Weizenkleie
- 50 g Cornflakes

SO MACHST DU'S

1. Die Ananas mußt Du zuerst putzen, hierfür mußt Du von der Ananas oben und unten eine Haube abschneiden.

2. Stelle die Ananas nun auf eine Arbeitsfläche und schneide mit Hilfe eines Gemüsemessers die Schale von oben nach unten vorsichtig ab.

3. Die Kiwifrüchte mußt Du ebenfalls dünn schälen, auch hier so wie die Ananas die obere und untere Haube abschneiden, auf die Arbeitsfläche stellen und die Schale von oben nach unten dünn abschneiden.

4. Die Bananen mußt Du ganz einfach schälen und in Scheiben schneiden. Das Ananasfruchtfleisch und das Kiwifruchtfleisch mußt Du würfeln.

5. Jetzt kannst Du alle Früchte, auch die verlesenen und gewaschenen Johannisbeeren in eine Schüssel geben und mit Zitronensaft beträufeln. Bestreue das Ganze mit Zucker und lasse es 10-15 Minuten ziehen.

6. In der Zwischenzeit mußt Du den Quark mit der Buttermilch, dem Honig, dem Sanddornmark und dem Apfeldicksaft in eine Schüssel geben und glattrühren, am Besten machst Du dies mit dem Schneebesen.

7. Wenn Du meinst der Quark ist noch nicht süß genug, so gebe etwas Zucker dazu.

8. Jetzt kannst Du den Quark mit den Früchten vermischen, dekorativ anrichten, mit der Weizenkleie und den Cornflakes bestreuen, mit frischen Früchten ausgarnieren und so sofort servieren.

Bunter Sommer-fruchtsalat

FÜR 4 PERSONEN:

- 1 Karambole (Sternfrucht)
- 100 g Brombeeren
- 100 g Himbeeren
- 100 g Heidelbeeren
- 150–200 g frische Erdbeeren
- 1 süßsäuerlichen Apfel
- 3–4 EL Zucker
- 1 Becher Dickmilch 3,5% Fett
- 1 Becher Sahnedickmilch 10% Fett
- Honig, Apfeldicksaft oder flüssigen Süßstoff zum Süßen
- Pistazien zum Bestreuen

1. Die Karambole mußt Du mit Hilfe eines Gemüsemessers in Scheiben schneiden.

2. Die Beeren mußt Du verlesen, waschen, gut abtropfen lassen.

3. Den Apfel mußt Du gut abwaschen, entkernen und auch kleinschneiden.

4. Jetzt gibst Du alle Früchte in eine Schüssel, bestreust sie mit Zucker und läßt sie 5–10 Minuten ziehen.

7. Verteile den Fruchtsalat in dekorative Schalen, gib die beiden Dickmilchsorten in eine Schüssel und verrühre Sie.

8. Die Dickmilch mit Honig, Apfeldicksaft oder flüssigem Süßstoff süßen, wenn Du willst kannst Du sie auch mit Vanillearoma oder Zucker verfeinern.

9. Gib die Dickmilch nun über die Früchte, garniere das Ganze mit Pistazien aus und serviere es sofort.

Manfredos Müsli

FÜR 4 PERSONEN:

- 300 g rote Johannisbeeren
- 2 Tassen Cornflakes
- 1 Tasse eingeweichte Korinthen oder Rosinen
- 2 Becher Milchreis natur
- 3–4 EL gehackte Nüsse

SO MACHST DU'S

1. Die Johannisbeeren mußt Du verlesen, waschen, gut abtropfen lassen und in eine Schüssel geben.

2. Gib dann die Cornflakes und die Korinthen oder Rosinen dazu und vermische das Ganze vorsichtig.

3. Den Milchreis mußt Du aus dem Becher nehmen und vorsichtig unter Dein Müsli ziehen.

4. Richte das Müsli dekorativ an, bestreue es mit den Nüssen, garniere es mit frischen Früchten und serviere Dein Müsli sofort.

Rosmarinas Sesambrötchen

FÜR 4 PERSONEN:

- 4 Sesambrötchen
- 4 EL Butter oder Margarine
- einige Salatblätter
- 2–3 gegrillte Hähnchenbrustfilets
- 150–200 g frische Erdbeeren
- 1 Prise Meersalz
- weißen Pfeffer aus der Mühle
- Kräuterzweige zumGarnieren

SO MACHST DU'S

1. Die Sesambrötchen mußt Du halbieren und auf eine Arbeitsfläche legen und anschließend mit Butter oder Margarine dünn bestreichen.

2. Die Salatblätter mußt Du verlesen, waschen, gut abtropfen lassen und dann auf die Brötchenhälften legen.

3. Die Hähnchenbrustfilets mußt Du in dünne Scheiben schneiden und auf die Salatblätter legen.

4. Die Erdbeeren mußt Du verlesen, waschen, gut abtropfen lassen, wenn sie zu groß sind halbieren oder in Scheiben schneiden und auf die Hähnchenscheiben verteilen.

5. Jetzt kannst Du das Ganze mit Kräuterzweigen ausgarnieren, die Brötchenoberhälfte auf die Erdbeeren setzen und so servieren.

Frühstückssalat

FÜR 4 PERSONEN

2 Kiwifrüchte
150 g blaue Weintrauben
1 kleine frische Ananas
1 süßsäuerlichen Apfel
2 Orangen
150–200 g frische Erdbeeren
3–4 EL Zucker
1 Becher Dickmilch 3,5 % Fett
1 Becher Sahnedickmilch 10 % Fett
Honig, Apfeldicksaft oder flüssigen Süßstoff zum Süßen

SO MACHST DU'S

1. Die Kiwifrüchte mußt Du dünn schälen, hierfür mußt Du mit Hilfe eines Gemüsemessers eine Haube oben und unten abschneiden, die Kiwifrucht auf eine Arbeitsfläche stellen und von oben nach unten die Schale dünn abschneiden. Das Fruchtfleisch kannst Du nun würfeln.

2. Die Weintrauben mußt Du verlesen, waschen, gut abtropfen lassen, wenn Du Lust hast, kannst Du die Weintrauben halbieren und die Kerne herauslösen.

3. Die Ananasfrucht mußt Du wie die Kiwi schälen und anschließend das Fruchtfleisch würfeln oder in kleine Stückchen schneiden.

4. Den Apfel mußt Du gut abwaschen, entkernen und auch kleinschneiden.

5. Die Orangen kannst Du ebenfalls wie die Kiwi und die Ananas schälen und das Fruchtfleisch würfeln. Die Erdbeeren mußt Du verlesen, waschen, gut abtropfen lassen und wenn sie zu groß sind halbieren oder vierteln.

6. Jetzt gibst Du alle Früchte in eine Schüssel, bestreust sie mit Zucker und läßt sie 5–10 Minuten ziehen.

7. Verteile den Fruchtsalat in dekorative Schalen, gib die beiden Dickmilchsorten in eine Schüssel und verrühre Sie.

8. Die Dickmilch kannst Du mit Honig, Apfeldicksaft oder flüssigem Süßstoff süßen, wenn Du willst kannst Du sie auch mit etwas Vanillearoma oder Zucker verfeinern.

9. Gib die Dickmilch nun über die angerichteten Früchte, garniere das Ganze aus und serviere es sofort.

Beerenmüsli

Für 4 Personen
160 g grob geschrotete Getreidemischung (Weizen, Hirse, Roggen, Dinkel, Gerste oder Buchweizen)
500 ml Fruchtsaft
1 Becher Sahnedickmilch
4–5 EL Honig
400 g gemischte Beerenfrüchte (Johannisbeeren, Heidelbeeren, Erdbeeren oder Stachelbeeren)
1 Tasse gehackte Pistazienkerne oder Cashew Nüsse

SO MACHST DU'S

1. Die Getreidemischung mußt Du in ein Sieb geben und mit fließendem Wasser gut waschen.

2. Gib die geschrotete Getreidemischung in eine Schüssel, übergieße sie mit dem Fruchtsaft und lasse sie mindestens 6–8 Stunden quellen.

3. Vor der Zubereitung mußt Du die Dickmilch mit dem Honig unter die Getreidemischung ziehen und zum Schluß die verlesenen, gewaschenen und feingehackten Beeren untermischen.

4. Richte das Beerenmüsli dekorativ an und bestreue es mit den Pistazien oder Cashew Nüssen, garniere es mit Kräuterzweigen aus und serviere es sofort.

Nach dem Frühstück waren die Küchenwichtel natürlich wieder müde geworden. Mitzi hatte vorgeschlagen, zurück ins Mauseloch zu huschen, aber die Wichtel wollten sich lieber ein sonniges Plätzchen suchen. Denn sie lieben es sehr, wenn ihnen die Sonne im Schlaf auf Bauch und Nase scheint. Sie mußten nicht lange suchen. In einem der Zimmer im Bauernhaus fanden sie nämlich ein Bett, ein Bett wie sie es in den kühnsten Träumen noch nicht gesehen hatten. Es war so groß, daß das ganze Wichtelvolk darin Platz gefunden hätte. Die Bettdecke war bunt und weich, und durchs Fenster schien die Sonne herein, genau auf das Kopfkissen.

Sie hatten kaum eine Stunde geschlafen, da erwachte Dreistein mit einem lauten Hatschi! Die Sonne hatte ihn in der Nase gekitzelt. „Sie hat recht", sagte Dreistein, nachdem er eine halbe Stunde gegähnt hatte. „Wir haben einen Auftrag und sind nicht nur zum Spaß und zum Schlafen hier."
Mampfredo kratzte sich am Kopf. „Zu was denn dann?"
Dreistein schüttelte den Kopf. „Du wirst doch wohl nicht vergessen haben, daß die anderen Küchenwichtel daheim hungern müssen und darauf warten, daß wir Rezepte bringen!"

Mampfredo wurde rot und schluckte. So war das immer mit ihm: Solange er genug zu essen und ein weiches Plätzchen zum Schlafen hatte, vergaß er die ganze Welt um sich herum.

„Also los jetzt!" rief Rosmarina und klatschte in die Hände. „Vielleicht treffen wir endlich auf den gefährlichen Kater. Dann gibt es eine fetzige Verfolgungsjagd. Wir rennen wie der Blitz und er noch blitzer, und er kommt immer näher, wir hören ihn schon keuchen, pfui: Er hat Mundgeruch! Schon will er uns mit der Pranke erlegen, da huschen wir in eine Mauerritze, gerettet! Und der Kater stößt sich seine dicke Nase an der Mauer an. Ja, das macht Spaß!"

Rosmarina hatte beim Erzählen große Augen und rote Backen bekommen. Mampfredo dagegen war immer bleicher geworden.
„Bist du sicher, daß die Mauerritze auch für mich breit genug ist?"
„Sicher bin ich mir nicht", sagte Rosmarina. „Du solltest wenigstens einmal eine Stunde lang nichts essen, damit du ein wenig abspeckst."

„Eine Stunde lang nichts essen?" Mampfredo war entsetzt. Das war ja eine richtige Abmagerungskur. Er wollte doch gar nicht dünner werden. Aber noch viel weniger wollte er gefressen werden. So überlegte Mampfredo hin und her und her und hin und war jedenfalls nicht in bester Stimmung, als die drei Wichtel das Schlafzimmer verließen.

Die Schlafzimmertür quietschte entsetzlich. Ein schlauer Kater hätte das verräterische Geräusch sicherlich gehört. Aber niemand störte die drei Wichtel auf dem Weg die Treppe hinunter. Aus der Küche hörten sie Geräusche. Vorsichtig näherten sie sich. Die Tür stand weit offen. Die Wichtel huschten in die Küche.

Am Küchentisch stand ein Mensch. Er war sehr groß, wie die Menschen eben sind. Schlimmer war jedoch, daß er bei der Küchenarbeit leise ein Lied pfiff. Jeder Wichtel weiß, daß Pfeifen beim Kochen nur Unheil anrichtet. Im Gegensatz zum Singen: Ein Koch der singt, nimmt immer genau so viel Salz wie nötig. Na ja, die Menschen waren Menschen, dachten die Wichtel, sie wissen es eben nicht besser.

Der Mensch hieß übrigens Frau Bindfaden, obwohl sie gar nicht so aussah. Jedenfalls hatte Frau Bindfaden eine Schürze umgebunden. Aus der hätte der Wichtelschneider leicht ein Zelt für alle Wichtel nähen können. Aber der Wichtelschneider war erstens nicht hier; zweitens hatte er besseres zu tun,

als ein Zelt zu nähen; und drittens: Was hätten die Wichtel mit einem Zelt anfangen sollen? Zelte kann man nämlich nicht essen. Auf dem Tisch aber entdeckten die Wichtel viele Dinge, die eßbar aussahen. Manche Dinge waren rot, andere gelb, wieder andere grün.

„Vielleicht ist das Käse aus der Milch von gestern“, überlegte Dreistein. Rosmarina kletterte unterdessen am Tischbein hoch, und als Frau Bindfaden einmal auf die Uhr schaute, da stibitzte sich Rosmarina drei große Stücke, von jeder Farbe eines.

Mampfredo war der Vorkoster. „Hmmmh!“ sagte er. „Knackig und saftig. Aber es schmeckt nicht nach Milch. Eher wie das Gegenteil von Milch, ja genau, aber was ist das Gegenteil von Milch?“

Plötzlich hörten sie ein leises Kichern. Mitzi Maus erschien unter dem Küchentisch und sagte:
„Halliii, hallooo, ich bin kein Floh, was ihr da eßt, heißt Papriko!"
„Papriko?"
„Na ja", sagte Mitzi, „eigentlich heißt es Paprika, aber das hätte sich nicht gereimt."

Dreistein notierte sich den Namen in sein dickes Wichtelbuch.
„Und warum ist die Paprika manchmal grün, dann rot und gelb?"
„Damit man sie unterscheiden kann", sagte Mitzi. „Mir zum Beispiel schmeckt die rote am besten."
„Mir schmecken alle drei am besten", sagte Mampfredo. Leider hatte er die Stücke inzwischen ganz aufgegessen, so daß für die anderen Wichtel nichts mehr zum Probieren übrig blieb. Aber oben auf dem Tisch war zum Glück noch genug. Rosmarina fand die gelbe Paprika am besten, und Dreistein konnte sich nicht entscheiden, so langsam und lang er auch überlegte.

Nun wollten die Wichtel wissen, ob die Paprika auch aus den Kühen kommt oder ob man sie auf den Wiesen findet wie die Pilze und das Gänseblümchen.
„Sie wächst an Sträuchern, glaube ich", sagte Mitzi Maus. „Andere Mäuse behaupten, daß die Paprika in Holzkisten beim Gemüsehändler wächst. Wie auch immer, am einfachsten ist es, unter dem Tisch zu warten, bis etwas herunterfällt."

Die Küchenwichtel waren da anderer Meinung. Sie kletterten wieder auf den Tisch, um sich noch mehr Paprikas zu holen. Aber Frau Bindfaden hatte inzwischen alle Früchte in dünne Streifen geschnitten.

„Gemeinheit!" rief Rosmarina. Und Dreistein wunderte sich, warum von den großen Paprikas nach dem Zerschneiden so wenig übrigblieb.
„Das ist doch logisch!" sagte Mitzi, die einige Stunden in der Mäuseschule gewesen war. „Paprikas sind nämlich hohl. Und wenn man sie in Streifen schneidet, dann bleibt einem nur die dicke Schale übrig. Außerdem muß man die weißlichen Körner und die Scheidewände im Inneren entfernen."

„Da sind mir die da lieber", sagte Mampfredo und deutete auf eine lange, dunkelgrüne Stange, die innen schön voll war.
„Eine Gurke", erklärte Mitzi. „Die wird meist in Scheiben geschnitten. Aber man kann sie auch mit einem Gurkenhobel reiben."
„Gurkenhobel!" rief Dreistein. „Das erinnert mich an den Hurkengobel."
„Und was ist das?" fragte Mitzi.
„Ein Hurkengobel ist ein Wesen, das in Vollmondnächten durch den Wald schleicht. Von weitem sieht es aus wie ein Tannenzapfen mit Rädern und einem Schal. Aus der Nähe gleicht es eher einem Nußknacker, der sich als Biber verkleidet hat. Aber eine Sekunde später kann der Hurkengobel schon wieder ganz anders aussehen, zum Beispiel wie ein Rehbock, der von

einem bösen Zauberer in eine Glasschüssel mit Apfelkompott verwandelt worden ist.“

„Das ist ein Hurkengobel?“ staunte die Maus, und die Wichtel nickten.
„Ja, so ist der Hurkengobel. Wenn er nicht gerade ganz anders ist.“

„Auf jeden Fall kann man mit einem Hurkengobel keine Gurken hobeln, weshalb zum Gurkenhobeln ein Gurkenhobel besser ist als ein Hurkengobel.“
Da waren sich endlich alle einig. Und sie waren froh, daß ein Gurkenhobel immer wie ein Gurkenhobel aussieht, damit man ihn immer gleich erkennt und man sich vorsehen kann, weil so ein Gurkenhobel doch sehr scharf ist. Schließlich will man doch die Gurke hobeln und nicht die Fingerspitzen, oder?

Dreistein notierte sich alles. Das dauerte den anderen immer zu lange. Als sie dann bemerkten, daß Dreistein alles doppelt aufschrieb, und zwar in zwei verschiedene Bücher, da schimpften sie vor Hunger und Zorn. Aber Dreistein war eben vorsichtig.
„Wenn ich ein Buch verliere, dann habe ich immer noch eines übrig.“
„Und was ist, wenn du beide verlierst?“ fragte Rosmarina.
„Dann habe ich keines mehr übrig.“
„Und warum schreibst du dann nicht alles dreimal auf?“
Dreistein überlegte sieben Minuten lang. Dann sagte er:
„Erstens, weil das Unglück bringt, und zweitens.“
„Zweitens?“
„Zweitens!“
„Wie: zweitens?“
„Zweitens eben, basta!“ rief Dreistein.
„Ach so, ja, schon gut“, sagte Mampfredo, der sowieso nicht länger nachdenken wollte. Denn davon bekommt man noch viel mehr Hunger als vom Treppensteigen.

Viel besser als die Gurken gefielen Rosmarina die Tomaten. Manche waren rund wie Bälle, andere waren länglich wie eine Flasche. Aber alle leuchteten so schön rot. Rosmarina war fast ein bißchen neidisch.
„So rote Haare hätte ich gerne. Das wär stark."
„Sei froh, daß das nicht so ist", sagte Dreistein. „Sonst würde der Wolf dich am Ende mit dem Rotkäppchen verwechseln und dich auffressen, und wir müßten den Jäger holen, wo wir doch gar nicht wissen, wo der nächste Jäger wohnt. So eine Aufregung, bloß wegen deinen roten Haaren, nein danke!"
„Na ja", gab Rosmarina zu. „So gesehen hast du recht. Ich dachte ja nur."

Dann dachten sie aber wieder zusammen an ihren Auftrag, und sie beobachteten weiter, was Frau Bindfaden auf dem Küchentisch zubereitete. Sie wusch die Tomaten, schnitt sie in Viertel und Achtel, und stets entfernte sie den Stielansatz. Warum das so gemacht wurde, wußte auch Mitzi Maus nicht, und so sagten die Wichtel: „Alles muß man auch nicht wissen, sonst weiß man ja alles, und dann ist der Kopf zu schwer und fällt auf den Boden. Das wollen wir auf gar keinen Fall."
Schon deswegen nicht, weil unterm Tisch jemand miaute.

Miaut eine Maus? Nie!
Miaut ein Mensch? Ich glaube nicht.
Miaut ein Hund? Da würde er sich die Kehle dabei verrenken.

Miaut ein Küchenwichtel? Nein, es sei denn er spielt eine Katze.
Spielte einer der Küchenwichtel eine Katze? Nein, sie schwiegen und wagten kaum zu atmen.
Miaut eine Katze? Ja. Und vor allem wenn sie Hunger hat.
Und auf was hat eine Katze Hunger? Auf Tomaten? Nein, die sind ihr zu rot. Auf Gurken? Nein, Katzen haben nämlich keine Ahnung von Gurkenhobeln und Hurkengobeln.

Die Wichtel wußten ganz genau, was Katzen gerne essen, und die Maus wußte es auch. Die vier verkrochen sich hinter den Tomaten.

Die Katze miaute immer lauter. Irgendwo tickte eine Uhr. Mampfredo seufzte. „Es gibt so viele schöne Dinge

auf der Welt, die ich noch nicht gegessen habe. Außerdem bin ich hungrig. Ich will nicht von einer Katze gefressen werden, ich will lieber selber was essen."

Die Katze miaute noch einmal, diesmal viel lauter und hungriger als zuvor. Und die Wichtel zitterten noch viel zittriger. Wo sollten sie sich verstecken, wenn Frau Bindfaden alle Tomaten kleingeschnitten hatte?

Zum Glück verstand Frau Bindfaden endlich, was die Katze wollte. Sie legte das Messer weg, öffnete eine Büchse und gab der Katze ein paar Löffel voll in eine Schale. Die Katze schnurrte, streckte den Schwanz in die Höhe und war mit dem Dosenfutter zufrieden.
Und die Wichtel waren sehr glücklich, daß sie keine Katze waren.

Feines aus dem Garten

Karottinchen

FÜR 4 PERSONEN:

- 200 g Karotten
- 2 säuerliche Apfel
- Saft von 1 Zitrone
- 3/8 l Karottensaft
- 1/2 Bund Petersilie
- 1 Becher Kefir
- 1 Prise Meersalz
- weißen Pfeffer aus der Mühle
- einige Tropfen flüssigen Süßstoff

SO MACHST DU'S

1. Zuerst mußt Du die Karotten waschen und dann mit einem Sparschäler dünn schälen. Jetzt kannst Du die Karotten auf einer Reibe fein raspeln und in eine Schüssel geben.

2. Die Äpfel mußt Du ebenfalls waschen, entkernen und reiben, beträufle das Ganze sofort mit Zitronensaft, denn sonst werden die Äpfel braun.

3. Die geriebenen Äpfel kannst Du mit dem Karottensaft und der verlesenen, gewaschenen und feingehackten Petersilie zu den Karottenraspeln geben und alles gut vermischen.

4. Gieße den Kefir an und würze das Ganze mit Salz, Pfeffer und flüssigem Süßstoff.

5. Im Kühlschrank kannst Du dann das Karottinchen erkalten lassen und dann erst in Suppenteller füllen, ausgarnieren und servieren.

Tomatinchen

FÜR 4 PERSONEN:

- 500 g Tomaten
- 2–3 EL Tomatenmark
- 1 kleine Zwiebel
- 1 Knoblauchzehe
- 1 Becher reine Buttermilch
- 1 Prise Meersalz
- weißen Pfeffer aus der Mühle
- 1 Prise Muskat
- einige Tropfen flüssigen Süßstoff
- 1/2 Bund Schnittlauch
- 1/2 Bund Basilikum

SO MACHST DU'S

1. Für das Tomatinchen mußt Du die Tomaten enthäuten. Hierfür nimmst Du ein Gemüsemesser und schneidest ein Kreuz auf die Oberseite der Tomate.

2. Den Strunk mußt Du dann ebenfalls herausschneiden, jetzt erhitzt Du Salzwasser und bringst es zum Kochen.

3. Lege die Tomaten auf eine Schaumkelle und halte sie für 4–5 Sekunden in das kochende Wasser.

4. Nehme die Tomaten heraus und schrecke sie unter kaltem Wasser ab. Jetzt kannst Du die Haut abziehen.

5. Die Tomaten mußt Du dann halbieren und die Kerne mit einem Teelöffel herausschaben. Das Fruchtfleisch gibst Du in den Mixer.

6. Das Tomatenmark, die geschälte und feingehackte Zwiebel und auch die geschälte und gehackte Knoblauchzehe dazugeben.

7. Gieß etwas Buttermilch an und mixe das Ganze kräftig durch, es soll eine cremige Suppe entstehen.

8. Dann kannst Du das Tomatinchen mit Salz, Pfeffer, Muskat und flüssigem Süßstoff abschmecken, die verlesenen, gewaschenen und feingehackten Kräuter untermischen, das Ganze dekorativ anrichten, mit einigen Basilikumblättchen ausgarnieren und sofort servieren.

Wichtelpilze

FÜR 4 PERSONEN:

1-2 EL Butter oder Margarine
100 g gekochten Schinken
1 Zwiebel
400 g frische Champignons
Saft von 1 Zitrone
1 Tasse Gemüsebrühe
1 Becher Sahne
1 Prise Meersalz
weißen Pfeffer aus der Mühle
1 Prise Muskatpulver
1 Prise Zucker
100 g geriebenen Butterkäse

SO MACHST DU'S

1. Die Butter oder Margarine mußt Du in einem Topf oder einer Pfanne erhitzen.

2. Den Schinken mußt Du in feine Würfel oder Streifen schneiden, ins Fett geben und unter ständigem Rühren kurz anbraten.

3. Die Zwiebel mußt Du schälen und in feine Würfel schneiden, zum Schinken geben und glasig schwitzen.

4. Die Champignons mußt Du verlesen, waschen, gut abtropfen lassen und in Scheiben schneiden. Mit Zitronensaft die Pilze sofort beträufeln, damit sie nicht braun werden. Dann gibst Du sie zu den Schinkenzwiebeln und läßt sie unter ständigem Rühren glasig werden.

5. Gieße die Gemüsebrühe an, rühre die Sahne unter und lasse das Ganze bei kräftiger Hitze 5-6 Minuten köcheln.

6. Jetzt kannst Du die Wichtelpilze kräftig abschmecken und zwar mit Salz, Pfeffer, Muskat und Zucker.

7. Richte die Wichtelpilze dekorativ an, bestreue sie mit etwas geriebenem Butterkäse und überbacke sie kurz im Grill oder im auf 220 °C vorgeheizten Backofen.

8. Die fertig überbackenen Wichtelpilze kannst Du nun mit Kräuterzweigen ausgarnieren und sofort servieren.

Karotten-Zucchininudeln

FÜR 4 PERSONEN:

- 350–400 g Nudeln, Salzwasser
- 1-2 EL Olivenöl
- 4 Karotten, 2–3 Zucchini
- 2–3 EL Butter oder Margarine
- 1 Zwiebel
- 2 Tassen Gemüsebrühe
- 30 g gemahlene Haselnüsse
- 250 g Schmelzkäse
- einige Tropfen Zitronensaft
- Saft von 1/2 Orange
- 1 Prise Meersalz
- weißen Pfeffer aus der Mühle
- 1 Prise Zucker
- Johannisbrotkernmehl zum Binden
- Kräuterzweige zum Garnieren

SO MACHST DU'S

1. Die Nudeln kannst Du aus der Packung nehmen und bereitstellen. Das Salzwasser mußt Du zum Kochen bringen und das Olivenöl dazugeben.

2. Jetzt kannst Du die Nudeln in das kochende Wasser geben und al Dente, d.h. bißfest garen.

3. Nach Ende der Garzeit mußt Du die Nudeln über einem Sieb abgießen und unter kaltem Wasser abschrecken. Lasse die Nudeln gut abtropfen und stelle sie bereit.

4. Die Karotten mußt Du schälen, dafür nimmt man am besten einen Sparschäler. Anschließend schneidest Du sie in dünne Streifen. Das geht eigentlich ganz einfach, ist aber sehr gefährlich, hole deshalb einen Erwachsenen, der Dir dabei hilft.

5. Das Gleiche machst Du auch mit den Zucchini. Du mußt die Zucchini aber zuerst putzen und waschen.

6. Die Butter oder Margarine mußt Du dann in einer Pfanne erhitzen, die geschälte und feingehackte Zwiebel dazugeben und glasig schwitzen. Gebe dann die Karottenstreifen zu den Zwiebeln und dünste das Ganze 3–4 Minuten.

7. Zum Schluß gibst Du dann die Zucchinistreifen dazu, läßt das Ganze einmal aufkochen. Gieße die Brühe an und erhitzt das Ganze, lasse es 3–4 Minuten köcheln.

8. Das Gemüse mußt Du nun mit Hilfe eines Schaumlöffels aus dem Sud nehmen, gut abtropfen lassen und mit den Nudeln vermischen.

9. In die Sauce rührst Du dann die Haselnüsse und den Schmelzkäse. Würze die Sauce mit Zitronensaft, Orangensaft, Salz, Pfeffer und Zucker und binde sie mit Johannisbrotkernmehl ab. Das Johannisbrotkernmehl bekommst Du im Reformhaus.

10. Die Nudeln mußt Du nun in etwas Butter oder Margarine in einer Pfanne anschwenken d.h. erhitzen, richte die Gemüsenudeln dekorativ an, gebe die Nuß-Käsesauce darüber und garniere das Ganze mit Kräuterzweigen aus. So kannst Du die Nudeln sofort servieren.

Nachdem die Katze ihren Teller geleert hatte, schlich sie aus der Küche. Wahrscheinlich suchte sie sich ein ruhiges Plätzchen in der Sonne für einen ausgiebigen Nachmittagsschlaf. Mampfredo gähnte bei diesem Gedanken. Sich hinter einer Tomate zu verstecken war doch sehr, sehr anstrengend gewesen. Mampfredo überlegte, ob er zuerst noch etwas essen und erst dann ein Stündchen schlafen sollte oder lieber umgekehrt. Beim Denken jedoch wurde er gleich wieder hungrig und schnappte sich ein Stückchen Tomate, das Frau Bindfaden gerade auseinanderschneiden wollte.

„Das gibt's doch nicht!" rief Frau Bindfaden. „Wie kann eine Tomate so plitz und plötzlich verschwinden?"
„Das gibt es schon", dachte Mampfredo und kaute genüßlich an seiner Tomate.
„Ich träume wohl schon am hellichten Tag", sagte Frau Bindfaden leise vor sich hin. Dann nahm sie eine andere Tomate und schnitt sie so schnell in Scheiben, daß das Messer nur so durch die Luft pfiff.

Schließlich waren alle Tomaten geschnitten und Mitzi sagte:
„Das gibt sicher einen sehr leckeren Salat. Obwohl mir heiße Gerichte mit Gemüse fast noch besser schmecken."
„Sind Salate immer kalt?" fragte Dreistein.
„Ja", sagte Mitzi. „Natürlich nicht so kalt wie ein Eis mit Sahne, aber viel kälter als Tee mit Zitrone."

Da fing Rosmarina an zu weinen.

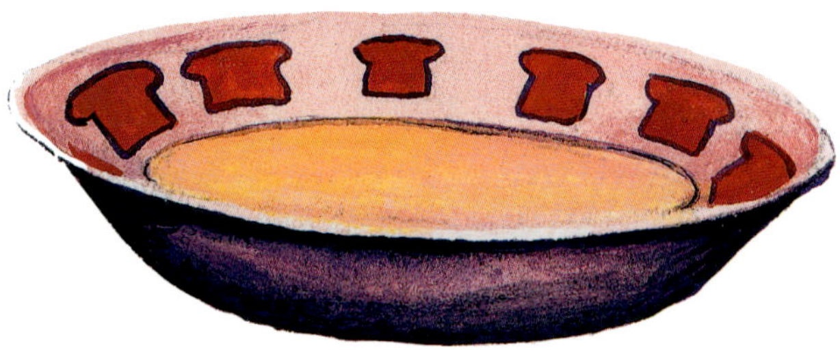

Mitzi Maus zuckte mit den Schultern und sagte: „Da braucht man doch nicht gleich zu heulen, bloß weil ein Salat kalt ist."
Rosmarina schluchzte. „Aber ich heule doch nicht wegen dem kalten Salat."
„Warum denn dann", fragte Mitzi. „Hast du Zahnschmerzen? Ohrensausen? Juckt dein kleiner Zeh?"
„Nein, weil..."

Da fing Mampfredo an zu weinen.
„Was ist denn mit euch los?" Mitzi Maus konnte gar nichts mehr begreifen. „Heult ihr etwa, weil es nach dem Sonnenuntergang dunkel wird? Oder weil die Enten schwimmen können? Oder weil die Luft nicht aus Wasser ist? Oder..."
„Nein, weil..."

Da fing Dreistein an zu weinen.
Mitzi Maus stampfte zornig mit ihren Mäusebeinchen auf.
„Ihr Heulsusen, ihr Jammerlappen, ihr Wasserspritzer, ihr Tränensäcke, ihr Wimmerwinsler, ihr..."

Da fing Mitzi Maus an zu weinen.
Sie weinte eine Weile, dann lachte sie und sagte: „Ach so.“
Die Wichtel wischten sich die Tränen aus den Augen und fragten:
„Was heißt hier ‘ach so’?“
Mitzi ließ erst eine Träne über die Backe kullern und sagte dann:
„Zwiebeln. Frau Bindfaden schneidet Zwiebeln.“
„Und deshalb müssen wir weinen?“ fragten die Wichtel.
„Ja genau“, sagte Mitzi Maus.

Aber warum man weinen muß, wenn jemand eine Zwiebel schneidet, das wußte Mitzi auch nicht. Jedenfalls war es besser, ein bißchen Abstand zu halten. Aber wenn man selber eine Zwiebel kleinschneiden will, dann kann man keinen Abstand halten. Oder man hat ein Messer das sie-

ben Meter lang ist. Wer das nicht hat, der sollte die Zwiebel schälen und dann unter kaltem Wasser kurz abwaschen. Das schont die Tränendrüsen ein bißchen.

Trotz der Tränen mußten die Wichtel zugeben, daß Zwiebeln sehr gut schmeckten. Ein wenig scharf zwar, aber das mögen die Küchenwichtel ganz besonders. Und außerdem muß man Zwiebeln ja nicht immer roh

essen. Man braucht sie auch zum Kochen und Braten, eigentlich vergeht fast kein Tag in der Küche, an dem man gar keine Zwiebeln braucht. Und immer beginnt alles mit dem Schälen und dem Schneiden.
Die Küchenwichtel beobachteten ganz genau, wie Frau Bindfaden das machte.

Zuerst wird die braune Haut abgezogen, dann wird die Zwiebel halbiert. Man schneidet nun vom Stielansatz zu den Wurzeln. Die Hälften legt man mit der Schnittfläche nach unten auf das Schneidebrett, damit sie gut liegen bleiben. Dann schneidet man mehrmals parallel und so fein wie möglich ein, aber nicht bis zum Stielansatz, damit die Zwiebel noch zusammenhält. Schließlich schneidet man quer, angefangen bei der Wurzel, in Richtung zum Stielansatz. Dabei entstehen kleine Würfel.

Wer Zwiebelringe haben will, der schält die Zwiebel wie üblich, darf sie aber dann nicht halbieren. Man schneidet

einfach in Richtung zum Stielansatz dünne Scheiben ab, die von ganz alleine in große und kleine Ringe zerfallen.

„Halt, ich komme nicht mehr mit!" rief Dreistein dazwischen. „Mein Stift muß gespitzt werden, meine Finger tun mir weh, die Brille beschlägt und in meinem Kopf klopft irgend jemand, als ob er rauswollte und außerdem ..."
„Und außerdem?" fragten die anderen.
„Und außerdem!" sagte Dreistein und klappte seine beiden Bücher zu.

„Und außerdem!“, sagte Rosmarina mürrisch. „Das hätten wir uns denken können.“

Wer ein echter Küchenwichtel sein will, der darf nicht bloß Geschichten lesen und Rezepte studieren, der muß auch ein wenig üben. Übung macht nämlich den Meister, heißt ein Sprichwort, das Mampfredo aber noch nie richtig verstanden hat. Deshalb mußten die andern ihm dreimal erklären, daß jetzt Zwiebelschneiden geübt wird. Jeder Wichtel nahm sein Wichtelmesser und eine Zwiebel und, auf ging's im schnellsten Wichteltempo; und immer schneller, bis das Messer heiß wurde und die Backen rot anliefen. Und kaum hatten die Wichtel angefangen, da war der ganze Berg von Zwiebeln schon geschnitten.

Frau Bindfaden kratzte sich an der Stirn. „Wie kann das sein", dachte sie, „daß die Arbeit heute wie von alleine geht, und die Zwiebeln sind ganz fein geschnitten, so wie es sein soll. Und überhaupt ist heute ein seltsamer Tag, in der Luft sind leise Geräusche, als ob jemand sprechen würde, aber es ist doch niemand da."

Frau Bindfaden fragte überall nach, ob jemand was gehört hatte. Aber ihr Mann hörte schlecht, weil er den Traktormotor reparierte. Die Kinder hörten gar nichts, weil sie so laut im Heu spielten. Der Kater döste und hörte nur seinen Katertraum. Nur der Hund hatte etwas gehört, aber als er es verriet, da verstand ihn Frau Bindfaden nicht.

„Mir soll's recht sein", sagte sie schließlich, „wenn die Arbeit von allein getan wird, dann kann ich mal eine Pause machen. Also setzte sie sich und legte die Beine hoch, schloß die Augen und träumte von einer vollautomatischen Küche mit Sahne und von einer Insel im blauen Meer.

Während Frau Bindfaden döste und träumte, probierten die Wichtel noch andere Gemüsearten aus. Zucchini etwa, die den Gurken ähnlich sind. Und eine Aubergine, die schwarz wie eine Kohle ist, aber tausendmal besser schmeckt. Und dann die Karotten oder Möhren. Man sagt, daß sie gut für die Augen sind. Das interessierte Dreistein natürlich ganz besonders. Schnell aß er drei Möhren und setzte seine Brille ab. Aber er sah auch nicht mehr als zuvor.

„Vielleicht muß man vier Möhren essen, oder fünf?" überlegte Dreistein. Er nahm sich fest vor, das später einmal auszuprobieren.

Bald war alles Gemüse auf dem Tisch zerkleinert und probiert. Die Wichtel schwitzten. Sie hatten nun wirklich genug gearbeitet. Jetzt wollten sie sich noch einen Vorrat fürs Mittagessen einpacken und dann zurück ins Mauseloch, wo sie dann ungestört schlafen konnten.

„Übrigens", sagte Mitzi, „sind Zwiebeln zwar gesund, aber manchmal auch ungesund, Wenn man Zwiebeln geschnitten hat, dann riechen die Hände danach, und zwar noch mindestens sieben Stunden. Da hilft kein Waschen und kein Bürsten. Das ist eigentlich gar nicht weiter schlimm, aber der Kater hat eine feine Nase. Und den Zwiebelgeruch, den mag er überhaupt nicht. Das gilt auch für den Knoblauch. Wer Knoblauch gegessen hat, der sollte seinen Mund nicht allzuweit aufreißen, wenn ein Kater in der Nähe ist."

Mampfredo roch an seinen Händen. Er steckte sie schnell und ganz tief in die Hosentaschen. Dann blickte er um sich. Langsam ging er zum grünen Salat und legte sich unter ein Blatt. Er wäre dort sicher sieben Stunden lang geblieben, wenn nicht Frau Bindfaden wieder aufgewacht wäre.

Frau Bindfaden war sehr erfreut darüber, daß inzwischen alle Arbeit getan war. Allerdings hätte sie schwören können, daß sie auch Karotten im Gemüsekorb gehabt hatte. Von Karotten aber war in der ganzen Küche keine Spur mehr zu finden.

„Vielleicht haben wir doch eine Maus im Haus", dachte sie. Ob sie nicht dem

Kater einen Tag das Futter sperren sollte? Denn nur ein hungriger Kater jagt Mäuse.
Aber als das Mittagessen vorbei war, da hatte Frau Bindfaden zum Glück ihren Plan schon wieder vergessen.

Das war gut für den Kater, der sein Dosenfutter lieber hatte als alles Frischfleisch der Welt. Und es war noch besser für die Wichtel und die Maus, die an diesem Nachmittag lange und tief schliefen. Als sie endlich erwachten, stand die Sonne schon tief am Horizont.

Vor dem Abend mußten sie sich schnell noch etwas zum Essen beschaffen. In der Küche war nicht viel los. Durch die Scheibe im Backherd konnten die Wichtel einen Gemüseauflauf sehen. Der sah wirklich lecker aus. Mampfredo wäre beinahe in Ohnmacht gefallen, als ihm die Düfte aus dem Ofen in die Nase stiegen. Aber die Tür war zu schwer für zarte Wichtelarme. Vielleicht konnten sie sich morgen wenigstens die Reste sichern.

Zum Glück fanden sie noch eine ganze Schüssel voller Gemüse, das in der Auflaufform keinen Platz mehr gehabt hatte. Sie schütteten ein wenig Sahne darüber und würzten

es mit Pfeffer und Salz. Dann sprach Mitzi noch eine sehr lange Zauberformel, und als die Bauernfamilie zum Abendessen kam, waren die Wichtel längst mit ihrer Schüssel fertig. Jetzt konnte die Nacht kommen, sie würden sicher nicht vor Hunger aufwachen.

Vor dem Einschlafen schrieb Dreistein schnell noch ein paar Rezepte in sein Buch.
„Mein Buch hat nur noch zweitausend leere Seiten", sagte er schließlich. „Gibt es denn noch viele Gemüsesorten?"
„Ich glaube, es gibt so viele Gemüsesorten wie Sterne am Himmel", sagte Mitzi Maus.
Mampfredo zuckte mit den Schultern und erklärte: „Wieviele Sorten es gibt, ist mir gleich, ich kann sowieso nur bis 77 zählen."

Mitzi hob den Finger: „Ich kenne ein Gedicht, mit dem man sich die wichtigsten Gemüsesorten merken kann, hört mal zu!"

Mais, Kartoffel, Brokkoli,
Kürbis, Wirsing, Sellerie,
Rettich, Rauke und Porree,
Rotkohl, Spargel, grüner Klee,
Rote Bete, Paprika,
Möhren, Linsen, Rukola,
Chinakohl und Schnittsalat,
Erbsen, Bohnen und Spinat,
Rosenkohl, Tomate, Chili,
Zwiebel, Gurke und Zucchini,
Okra, Kresse, Tindola,
Topinambur, Trallala!
Rotkohl, Spargel, Aubergine,
alles voller Vitamine,
ja das schmeckt und ist gesund,
und mein Bauch ist kugelrund.

So ein schönes Gedicht hatten die Küchenwichtel noch nie in ihrem Leben gehört. Leider konnten sie es nicht bis zum Ende genießen, denn sie waren schon bei der dritten Zeile eingeschlafen.

Prima Salate

Bunter Salat

FÜR 4 PERSONEN:

250 g Bunte Schmetterlingsnudeln
1–2 EL Olivenöl, Salzwasser
2 Karotten
200 g Broccoliröschen, 100 g grüne Erbsen (TK-Produkt)
1/4 l Gemüsebrühe
100 g gekochten Schinken
1 Becher Joghurt
1 Tasse Salatmayonaise
1 Schuß Sahne
einige Tropfen Zitronensaft
1 Prise Meersalz
weißen Pfeffer aus der Mühle
1 Prise Zucker
2 hartgekochte Eier
Kräuterzweige zum Garnieren

SO MACHST DU'S

1. Die Schmetterlingsnudeln mußt Du mit dem Olivenöl in dem kochenden Salzwasser bißfest garen, dann herausnehmen, abschrecken und bereitstellen.

2. Die Karotten mußt Du mit Hilfe eines Sparschälers dünn schälen und anschließend in Scheiben oder Würfel schneiden. Die Broccoliröschen und die Erbsen brauchst Du nur auftauen lassen.

3. Die Gemüsebrühe erhitzen, die Karotten in die kochende Brühe geben und 5–6 Minuten köcheln lassen.

4. Den aufgetauten Broccoli kannst Du kleinschneiden und dann mit den grünen Erbsen zu den Karotten geben.

5. Das Gemüse kann weitere 5–6 Minuten garen, denn dann ist es bißfest und gut. Nimm das Gemüse mit Hilfe eines Schaumlöffels aus dem Sud und lasse es gut abtropfen.

6. Die Schmetterlingsnudeln dazugeben, den Schinken in feine Streifen schneiden, ebenfalls dazugeben und alles vermischen.

7. Für das Dressing, den Joghurt mit der Mayonaise und der Sahne glattrühren. Das Dressing nun mit Zitronensaft, Salz, Pfeffer und Zucker abschmecken. Gib das Dressing zum Salat und vermische alles vorsichtig.

8. Die Eier pellen, achteln, lasse den Salat einige Minuten im Kühlschrank ziehen und richte ihn dann dekorativ an. Den Nudelsalat mit den Eiern belegen, mit Kräuterzweigen garnieren und servieren.

Nudelsalat Banana Joe

FÜR 4 PERSONEN:

200–250 g Hörnchennudeln
Salzwasser, 1–2 EL Olivenöl
4 Bananen, Saft von 1 Zitrone
1 TL Currypulver
150 g jungen Gouda
150 g gekochten Schinken
1 Dose Mischgemüse (Erbsen, Karotten und Mais)
Für das Dressing:
1 1/2 Becher Joghurt
1 Tasse Salatmayonnaise
einige Tropfen Zitronensaft
1 Prise Meersalz
weißen Pfeffer aus der Mühle
1 Prise Zucker
1 Tasse gemischte, gehackte Kräuter

SO MACHST DU'S

1. Salzwasser mit Olivenöl in einem Topf erhitzen und die Nudeln darin bißfest garen. Dann die Nudeln abgießen, abschrecken, gut abtropfen lassen und bereitstellen.

2. Die Bananen mußt Du ganz einfach schälen und in Scheiben schneiden. Die Bananenscheiben solltest Du sofort mit Zitronensaft beträufeln, damit sie nicht braun werden, jetzt kannst Du sie auch noch mit Currypulver bestauben.

3. Den Gouda und den Schinken mußt Du in feine Streifen schneiden, das Mischgemüse aus der Dose nehmen und gut abtropfen lassen, fange das Abtropfwasser auf, damit Du das Dressing glattrühren kannst.

4. Jetzt gib den Joghurt und die Mayonaise mit etwas Gemüsewasser in eine Schüssel und verrühre das Ganze mit dem Schneebesen ganz glatt.

5. Jetzt kannst Du das Dressing mit Zitronensaft, Salz, Pfeffer, und Zucker kräftig abschmecken.

6. Die Kräuter mußt Du verlesen, waschen, sehr fein hacken und dann unter das Dressing rühren.

7. Die Nudeln mußt Du mit den restlichen Zutaten in einer Schüssel vermischen und dann das Dressing dazugeben. Jetzt kannst Du das Dressing ebenfalls vorsichtig unterheben.

8. Stelle den Salat in den Kühlschrank damit er ziehen kann, dann kannst Du ihn herausnehmen, nochmals durchmischen, abschmecken, anrichten, ausgarnieren und servieren.

Herzhafter Kartoffelsalat

FÜR 4 PERSONEN:

- 500 g Kartoffeln
- Salzwasser
- 1 EL Kümmel
- 2 Zwiebeln
- 1 Stange Staudensellerie
- gut 1/8 l Gemüsebrühe
- 1/2 Tasse Obstessig
- 1 Becher Creme fraîche
- 1 Prise Meersalz
- weißen Pfeffer aus der Mühle
- 1 Prise Muskatpulver
- 1 Prise Zucker
- 1 Bund Schnittlauch
- 100 g Salami, Schinken oder andere Wurst

SO MACHST DU'S

1. Die Kartoffeln mußt Du unter fließendem Wasser abwaschen, hierfür verwendest Du am Besten eine Bürste damit sie ganz sauber werden.

2. Fülle dann in einen Topf das Salzwasser, gib die Kartoffeln und den Kümmel dazu, verschließe den Topf mit einem Deckel und lasse die Kartoffeln in 15-20 Minuten garen.

3. Wenn Du die Kartoffeln fertig gegart hast mußt Du sie abgießen, Vorsicht aber, verbrenn Dich nicht. Die Kartoffeln läßt Du ganz einfach ein wenig erkalten.

4. Dann kannst Du die Kartoffeln pellen und anschließend in Scheiben schneiden und in eine Schüssel geben.

5. Die Zwiebel mußt Du schälen, fein hacken, den Staudensellerie mußt Du putzen und in feine Streifen schneiden.

6. Die Gemüsebrühe kannst Du dann mit dem Obstessig in einen Topf geben und zum Kochen bringen, gib die Zwiebeln und den Staudensellerie dazu und laß' das Ganze 6-8 Minuten köcheln.

7. Den Staudensellerie und die Zwiebeln mußt Du aus dem Sud nehmen und kannst sie zu den Kartoffeln geben. Jetzt schaltest Du den Herd auf die höchste Stufe und läßt den Sud kräftig einreduzieren.

8. Nimm dann den Sud vom Feuer, rühre die Creme Fraîche unter, am Besten mit einem Schneebesen und würze das Ganze mit Meersalz, Pfeffer, Muskat und Zucker.

9. Den verlesenen, gewaschenen und feingeschnittenen Schnittlauch mußt Du mit dem Sud zu den Kartoffeln geben, jetzt mußt Du ein wenig aufpassen beim Vermischen, denn sonst zerbrichst Du die Ganzen Kartoffeln, also vorsichtig mit dem Salatbesteck das Ganze unterheben.

10. Den Kartoffelsalat läßt Du am Besten jetzt 10 Minuten ruhen, dann mußt Du ihn nochmals durchmischen und abschmecken. Den Kartoffelsalat anrichten. Die Salami kannst Du zu Tütchen zusammendrehen und diese auf den Kartoffelsalat setzen, genauso kannst Du aber den Schinken oder andere Wurstsorten in Würfel oder Streifen schneiden und darüber streuen.

Grüner Nudelsalat

FÜR 4 PERSONEN:

- 250 g grüne Bandnudeln
- Salzwasser, 1 Zwiebel
- 250 g Mischgemüse (TK-Produkt)
- 1/8 l Gemüsebrühe
- 2 Becher Joghurt
- Saft von 1 Zitrone
- einige Tropfen Obstessig
- 1 Prise Meersalz, Pfeffer
- 1 Prise Zucker
- 1 Bund Schnittlauch

SO MACHST DU'S

1. Die Bandnudeln mußt Du im kochenden Salzwasser bißfest garen. Anschließend abgießen, abschrecken und gut abtropfen lassen. Gib sie zum Schluß in eine Schüssel.

2. Die Zwiebel mußt Du schälen und fein hacken. Das Mischgemüse am Besten auftauen lassen. Die Gemüsebrühe, die Zwiebel und das Mischgemüse in einen Topf geben und 6-8 Minuten köcheln lassen. Nimm das Gemüse aus dem Sud und gib es zu den Nudeln.

4. Für das Dressing den Joghurt mit etwas Brühe glattrühren, mit Zitronensaft, Obstessig, Salz, Pfeffer und Zucker abschmecken.

5. Gib das Dressing zum Salat und vermische alles vorsichtig. Richte es dekorativ an und bestreue es mit dem verlesenen, gewaschenen und feingeschnittenen Schnittlauch, jetzt kannst Du den Salat ausgarnieren und sofort servieren.

Deftiger Kartoffelsalat

FÜR 4 PERSONEN:

- 600 g gekochte Kartoffeln
- 1 rote Paprikaschote
- 1 grüne Paprikaschote
- 1/2 Salatgurke
- 3–4 EL Olivenöl, 1 Zwiebel
- 100 g gekochten Schinken
- 1 Tasse Gemüsebrühe
- 1 Schuß Obstessig
- 1 Becher Sahnedickmilch
- 2–3 EL süßen Senf
- einige Tropfen Zitronensaft
- 1 Prise Meersalz
- weißen Pfeffer aus der Mühle
- 1 Prise Zucker
- 1 Bund Schnittlauch

SO MACHST DU'S

1. Die Kartoffeln mußt Du nachdem Du sie gekocht hast leicht auskühlen lassen, pellen und in Scheiben schneiden.

2. Die Paprikaschoten mußt Du halbieren, entkernen, waschen, gut abtropfen lassen und in Würfel oder Streifen schneiden.

3. Die Salatgurke mußt Du putzen, halbieren, das Kerngehäuse herausschaben und anschließend in feine Scheiben schneiden.

4. Jetzt gibst Du die Salatzutaten zu den Kartoffeln und vemischst sie mit einem Salatbesteck.

5. Das Olivenöl in eine Pfanne geben und die geschälte, feingehackte Zwiebel darin glasig schwitzen. Den Schinken kannst Du in feine Streifen oder Würfel schneiden, zu den Zwiebeln geben und kurz mitschwitzen.

6. Gieße etwas Obstessig und die Gemüsebrühe dazu und lasse das Ganze bei mäßiger Hitze 5–6 Minuten köcheln.

7. Dieses gibst Du nun zu den Kartoffeln und vermischst den Salat mit dem Salatbesteck, lasse ihn 10 Minuten ziehen.

8. In der Zwischenzeit kannst Du die Dickmilch mit dem Senf glattrühren, mit Obstessig, Zitronensaft, Salz, Pfeffer und Zucker mußt Du das Ganze kräftig abschmecken.

9. Das Dressing gibst Du nun zum Salat. Den Salat kannst Du nun dekorativ anrichten und mit frisch geschnittenem Schnittlauch bestreuen und servieren.

Reissalat mit Gemüse

FÜR 4 PERSONEN:

- 1 rote Paprikaschote
- 1 kleine Salatgurke
- 4 Tomaten
- 150 g frische Champignons
- Saft von 1 Zitrone
- 300–350 g bißfest gegarten Reis

FÜR DAS DRESSING:

- 1 Zwiebel
- 1 Becher Sahnedickmilch
- 2 EL mittelscharfen Senf
- 2 EL Tomatenketchup
- 1 Schuß Orangensaft
- 2 EL Johannisbeergelee
- 1 Prise Meersalz, Pfeffer
- 1 Prise Paprikapulver
- 1 Prise Currypulver
- 1 Bund Schnittlauch
- Basilikumblättchen zum Garnieren

SO MACHST DU'S

1. Die Paprikaschote mußt Du halbieren, entkernen, waschen, gut abtropfen lassen und in feine Würfel schneiden.

2. Die Salatgurke mußt Du ebenfalls waschen, halbieren, mit einem Teelöffel kannst Du das Kerngehäuse herausschaben und anschließend das Fruchtfleisch in Würfel oder Scheibchen schneiden.

3. Die Tomaten mußt Du enthäuten, entkernen und ebenfalls in Würfel schneiden. Die Champignons mußt Du putzen, waschen, in Scheiben schneiden und mit Zitronensaft beträufeln.

4. Alle Salatzutaten mußt Du dann mit dem Reis in eine Schüssel geben und vorsichtig miteinander vermischen.

5. Für das Dressing mußt Du die Zwiebel schälen und fein reiben, mit der Sahnedickmilch, dem Senf, dem Tomatenketchup, dem Orangensaft und dem Johannisbeergelee kannst Du das Ganze in eine Schüssel geben und verrühren.

6. Das Dressing kannst Du mit Salz, Pfeffer, Paprikapulver und Currypulver kräftig abschmecken und den verlesenen, gewaschenen und feingeschnittenen Schnittlauch untermischen. Jetzt gibst Du das Dressing zum Salat und vermischst alles vorsichtig miteinander.

7. Wenn Du den Salat dekorativ angerichtet hast kannst Du ihn mit einigen Basilikumblättchen ausgarnieren und sofort servieren.

Auch die zweite Nacht im Bauernhaus ging sehr angenehm vorüber. Es war schön eng und warm und dunkel im Mauseloch, und niemand schnarchte. Nur Mampfredo wachte einmal auf, es war genau um Mitternacht. Ein Geräusch hatte

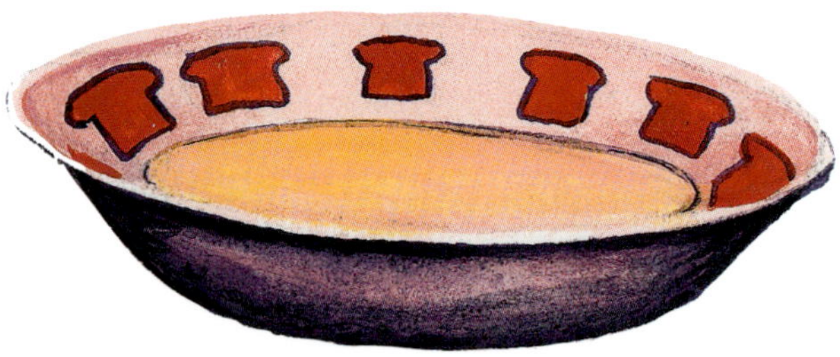

ihn geweckt. Hatte er etwa einen Geist gehört, der zur Geisterstunde spuken wollte? Aber nein, es war sein eigener Bauch, der knurrte leise, gerade so wie eine getigerte Katze schnurrt, wenn sie in der Mittagssonne liegt und am Bauch gestreichelt wird.
Mampfredo wußte genau, was sein Bauch wollte, eine Karotte zum Beispiel. Zum Glück hatte er eine für so einen Notfall im Kopfkissen versteckt. Oder war es gar kein Glück, sondern gute Planung?
Ich weiß es nicht. Im übrigen war die Nacht am Ende wie alle Nächte: sie hörte nämlich einmal auf.

Rosmarinas erster Gedanke an diesem Tag war: „Wieso kommt nach jeder Nacht ein Tag? Es könnten doch auch einmal zwei Nächte hintereinander folgen und dann wieder zwei Tage. Man könnte länger an einem Stück schlafen und länger ohne Unterbrechung spielen."
Weiter kam sie mit dem Gedanken nicht, denn Dreistein sagte:
„Wie wird es den anderen gehen? Sie haben sicher nicht mehr viele Vorräte. Und was macht Quirlquirl? Ist in seinem Kopf immer noch die große Flaute? Oder weht schon eine sanfte Brise? Oder verwirbelt ein Schneesturm die Gedanken?"
Dreistein sprang auf, klatschte in die Hände und rief: „Aufstehen Freunde, wir müssen arbeiten!"

Vor der Arbeit wartete jedoch noch das Frühstück. Denn mit leerem Magen kann kein echter Wichtel etwas leisten. Zum Frühstück bei der Familie Bindfaden gab es das gleiche wie gestern. Nur in einem Quark hatte Mampfredo etwas Grünes entdeckt.
„Gras wahrscheinlich", sagte er, aber Mitzi schüttelte den Kopf.
„Das ist Schnittlauch. Das sind dünne Röhrchen, die fast wie Zwiebeln schmecken. Man verwendet es als Gewürz. Manchmal streut es Frau Bindfaden über ein Omelett, über eine Suppe oder einen Eintopf, bevor sie ihn auf den Tisch stellt; das sieht schön aus."

Als die Wichtel nun wissen wollten, wo der Schnittlauch wächst, da antwortete die Maus nicht. Statt dessen hüpfte sie vom Tisch und huschte aus der Küche. Die Küchenwichtel folgten ihr so schnell, wie das mit vollem Magen möglich war.

Zum Gemüsegarten gelangte man durch den Flur und hinaus aus dem Haus, dann gleich scharf rechts, nach sieben Metern links, dann sechzehn Wichtelmeter geradeaus; nach zwei Nasenlängen bog man rechts ab, und genau drei oder vier Mäusemeilen weiter stand man

genau vor der Gartentüre.
Mitzi spitzte noch einmal die Ohren, ob nicht etwa von irgendwo ein verdächtiges Geräusch zu hören war.

Doch aus allen Richtungen hörte man nur die Luft, und die war heute ganz still, weil sie zu faul war, Wind zu spielen.

Gleich links am Zaun entdeckten die Küchenwichtel den Schnittlauch. Daneben wuchsen andere grüne Pflanzen. Mitzi Maus erklärte ihnen die Namen: „Petersilie, Dill, Basilikum, Kresse, Estragon, Thymian, Salbei, Majoran, Kerbel…“
„So viele?“ fragte Mampfredo ungläubig. Mitzi Maus lachte:
„Es gibt noch viel mehr, zum Beispiel Koriander, Sauerampfer, Liebstöckel, Pfefferminze, Rosmarin…“

„Was!?“
Rosmarina brachte nur das eine Wort heraus. Sie staunte wie ein Auto (ehrlich gesagt, weiß ich auch nicht genau, wie das aussieht, wenn ein Auto staunt. Aber wenn ihr Rosmarinas Gesicht gesehen hättet, dann wüßtet ihr, wie das aussieht, wenn ein Auto staunt).

Rosmarina interessierte sich gar nicht mehr für die anderen Kräuter. Sie beugte sich über den Rosmarinstrauch, beschnüffelte die Zweige und die Blüten und probierte sogar eines der dicken, spitzen Blättchen; sie zerrieb es mit den Fingern und leckte mit der Zungenspitze daran.

„Ahhhhhhhhhhh!“ rief Rosmarina schließlich. „Das duftet sooooooo herrlich! Rosmarin ist das beste und

allerbeste aller Kräuter der Welt. Es paßt zu allen Speisen am allerallerbesten.“

„Mir ist das Schnuppe“, meinte Mampfredo. „Hauptsache, man kann ihn essen, ohne daß man schlechte Träume davon bekommt.“

Dreistein sagte gar nichts, weil er sich inzwischen die Kräuternamen notierte. Sprechen und schreiben jedoch, das kann kein echter Küchenwichtel gleichzeitig. Das ist übrigens eine sehr gute Methode, um herauszufinden, ob jemand ein Wichtel ist.

Einige der Kräuterpflanzen kamen den Küchenwichteln bekannt vor, denn sie wachsen auch im Wald oder auf Wiesen. Aber die Namen waren ihnen ganz neu. Und Mitzi erklärte ihnen auch, zu welchem Essen welche Kräuter am besten geeignet waren. Rosmarin zum Beispiel schmeckt sehr gut bei Kartoffelgerichten.

Die Küchenwichtel wußten natürlich schon, daß der Löwenzahn schöne gelbe Blüten hat und daß man die Samen bis in den höchsten Himmel hinauf pusten kann. Aber daß man den Löwenzahn auch als Zutat in der Wichtelküche verwenden kann, das war ihnen neu. Mitzi verriet den Wichteln ein sehr geheimes Rezept für einen Salat mit frischen Löwenzahnblättern.

Dreistein fand den Salat etwas bitter. Rosmarina sagte: „Da fehlt nur noch ein wenig Rosmarin."
Nur Mampfredo hatte nichts auszusetzen. Und wenn, dann hätte er es nicht sagen können, da er den Mund bis hinter zu den Mandeln voll hatte.

Plötzlich aber hätte sich Mampfredo fast verschluckt: Ein Schatten zischte durch die Luft, das konnte doch nur ein Adler sein oder ein Bussard, vielleicht auch ein Falke, wer weiß, jedoch eines war klar: Lebensgefahr!

Mampfredo wollte um Hilfe schreien, aber leider hatte er den Mund immer noch voll. Nachdem er den Salat ausgespuckt hatte, rief er: „Hilfe! Hilfe!!!" Die anderen schauten Mampfredo an. „Was ist denn?"

„Ein Raubvogel!" flüsterte Mampfredo. „Er ist gerade durch die Luft gezischt, gleich wird er wieder angreifen!"
„Wie sah er aus?"
„Er flog so schnell, schneller als man sehen kann. Aber seine Federn waren leuchtend rot, sehr gefährlich rot."
„Wo hast du ihn gesehn?" fragte Mitzi. Mampfredo überlegte zwei Weilen und sagte dann: „Na dort, er saß wahrscheinlich auf diesem Ast und ist im Sturzflug nach unten, ich habe noch gehört, wie er gelandet ist."
„Plumps!" sagte Mitzi.
„Ja, genau, das war das Geräusch bei der Landung."
„Ich weiß", sagte Mitzi Maus. „Folgt mir, ich zeige euch den Adler."

„Nein!!" schrie Mampfredo auf, aber Mitzi beruhigte die ängstlichen Küchenwichtel. „Der Adler ist zwar sehr, sehr, sehr, sehr gefährlich, aber uns wird er nichts tun, großes, einmaliges und doppelt genähtes Mäuseehrenwort."

Langsam beruhigten sich die Küchenwichtel, und sie folgten der Maus, die im Slalom zwischen den Kräutern hindurchhuschte. Aber bald hielt die Maus vor einem Baum an. Im Gras lag eine große, rote Kugel.

„Darf ich vorstellen". sagte Mitzi Maus. „Der überaus gefährliche Adler, der eigentlich Herr Apfel heißt."

Dreistein kratzte sich an der Nase, Rosmarina an der Stirn und Mampfredo am Kinn. Schließlich sagte Mampfredo: „Vielleicht habe ich mich ja getäuscht, aber der Adler ist doch geflogen. Und Herr Apfel liegt einfach im Gras herum und tut nichts außer duften. Das kann er allerdings sehr gut."

„Herr Apfel kann wie ein Adler fliegen", sagte Mitzi. „Aber nur ein einziges Mal in seinem Leben. Zuerst hängt er am Baum, Tag für Tag, bis er eines Tages nicht mehr hängen will und im Sturzflug zur Erde zischt, wie ein Adler auf der Jagd. Deswegen heißt der Apfel Apfel, weil er so schön vom Ast abfällt."

„Aha!" sagten die Küchenwichtel, und das ist wirklich alles, was man dazu sagen sollte.

Aber was soll man auch viel reden, wenn ein herrlicher, reifer Apfel vor einem liegt. Mit seinem roten Kleid und dem süßen Duft lockt er nicht nur Bienen an, sondern auch jeden Wichtel. Denn daß der Apfel keine Kiste war, in der abgebrannte Streichhölzer aufbewahrt werden, das war den Wichteln sofort klar: Was so appetitlich duftet, das kann nur zum Essen sein.

Zwar kannten die Küchenwichtel Walderdbeeren und Waldhimbeeren, aber Äpfel gab es im Wichtelwald nicht.

Vor dem ersten Bissen jedoch zögerten sie noch einen Augenblick.

„Wieso heißt der Apfel eigentlich „Herr“ Apfel?“ fragte Rosmarina.
„Damit man ihn von Frau Apfel unterscheiden kann“, sagte Mitzi. „Und bevor man hineinbeißt, sagt man einfach: „Entschuldigen Sie bitte, Herr Apfel, ich muß sie jetzt leider auffressen.“ Und wer die Ohren sehr weit aufmacht, der hört, wie der Herr Apfel sagt: ‘Guten Appetit!’ Er hat es nämlich gern, wenn man ihn zum Fressen gern hat.“

So ein prächtiger Apfel ist für drei Küchenwichtel und eine Maus eine überaus reichliche Mahlzeit. Nicht etwa, daß sie etwas übrig gelassen hätten, denn das kommt bei den Wichteln nicht vor, schon gar nicht, wenn Mampfredo dabei ist. Aber sie waren doch alle ziemlich satt. Und wer satt ist, der hat auch einen dicken

Bauch. Und wer einen dicken Bauch hat, der kann sich nicht so schnell bewegen, der will sich auch gar nicht schnell bewegen. Und wenn er sich dennoch einmal schnell bewegen muß, dann kann es gefährlich werden. Zum Beispiel, wenn plötzlich ein Kater im Gemüsegarten steht und einen mit finsterer Miene mustert.

Rosmarina reagierte am schnellsten. Sie drehte sich um und rannte los, quer übers Möhrenbeet und den Kartoffelacker hinab dem Haus entgegen. Dabei dachte sie: „Ich könnte den Kater an den Ohren packen und auf den Apfelbaum werfen, daß ihm Schnurren und Miauen für immer vergeht, ja, das könnte ich, aber ich will nicht.“

Das war sehr mutig gedacht, leider konnte der Kater es nicht hören, sonst wäre er vor Schreck mindestens tot umgefallen.

Was Mitzi Maus oder die anderen Küchenwichtel dachten, weiß ich leider nicht. Auf jeden Fall konnten sie ebenfalls entkommen. Zum Glück mußten sie unter keiner Tür durchschlüpfen, denn alle standen so weit auf, daß man auch mit dem dicksten Bauch durchgekommen wäre.

In Mitzis Höhle befanden sie sich endlich wieder in Sicherheit. Nachdem sie tief durchgeatmet hatten, sagte Rosmarina: „Dem haben wir eine Abreibung verpaßt, die er nicht so

schnell vergessen wird!"
Und die anderen nickten dazu.
Ja, so mutig sind manche, wenn die Gefahr vorbei ist.

Und der Kater lag zur gleichen Zeit draußen im Schatten unterm Apfelbaum und dachte: „Was die Pimpfe bloß haben, die glauben doch nicht im Ernst, daß ich bei der Hitze mit ihnen um die Wette renne."

Pfiffiges mit Kräutern

Blumenkohl in Bananen-Rahm-Sauce

FÜR 4 PERSONEN:

1 Blumenkohl, 1 l Gemüsebrühe
1 Schuß Obstessig
1/2 Zitrone, 2 Lorbeerblätter
einige Nelken, 1–2 EL Butter
3/8 l Blumenkohlsud
2–3 Bananen
einige Tropfen Zitronensaft
1 Becher Creme fraîche
Johannisbrotkernmehl zum Binden
1 TL Curry, 1 Prise Meersalz
Pfeffer aus der Mühle
1 Prise Muskatpulver
1 Prise Zucker
einige Tropfen Zitronensaft
100 g gekochten Schinken
1/2 Bund Petersilie

SO MACHST DU'S

1. Den Blumenkohl mußt Du putzen, waschen, am besten Du legst ihn in Salzwasser und läßt ihn darin 5–10 Minuten liegen, so kannst Du das Gemüse wirklich säubern.

2. Jetzt mußt Du die Gemüsebrühe mit dem Obstessig, der halben Zitrone, den Lorbeerblättern und den Nelken, sowie der Butter in einen Topf geben und zum Kochen bringen.

3. Den Blumenkohl mußt Du in den Sud legen und in 15–20 Minuten bißfest garen, dann mußt Du ihn herausnehmen, gut abtropfen lassen und warmstellen.

4. Messe nun vom Blumenkohlsud 3/8 l ab, seihe das Ganze durch ein Sieb in einen Topf und bringe es zum Kochen.

5. Die Bananen mußt Du schälen, in Scheiben schneiden, mit Zitronensaft beträufeln und dann kannst Du sie mit der Creme fraîche in den Sud geben, lasse das Ganze 2–3 Minuten köcheln.

6. Jetzt kannst Du die Sauce mit Johannisbrotkernmehl je nach Geschmack binden, mit Curry, Salz, Pfeffer, Muskat, Zucker und Zitronensaft mußt Du die Sauce kräftig abschmecken.

7. Den Schinken kannst Du dann in feine Streifen schneiden und in der Sauce erhitzen oder kalt bereitstellen.

8. Den Blumenkohl mußt Du dann dekorativ anrichten, mit der Bananensauce überziehen, mit den Schinkenstreifen und mit der verlesenen, gewaschenen und feingehackten Petersilie bestreuen, ausgarnieren und so sofort servieren.

Kohlrabigemüse mit Käsewürfel

FÜR 4 PERSONEN

500–600 g Kohlrabi
1 Zwiebel
2-3 EL Butterschmalz
1 Prise Meersalz
weißen Pfeffer aus der Mühle
1 TL Majoran
1/8 l Gemüsebrühe
1/2 Bund Petersilie
400 g Gouda oder Edamer
2 Eier
1 Tasse Semmelbrösel
Butterschmalz zum Ausbacken

SO MACHST DU'S

1. Von den Kohlrabi mußt Du die Blätter entfernen und die Inneren davon in feine Streifen schneiden und bereitstellen.

2. Dann kannst Du den Kohlrabi dünn schälen und in Zentimeter dicke Scheiben schneiden. Jetzt mußt Du die Scheiben in längliche Streifen und anschließend in Würfel schneiden.

3. Die Zwiebel mußt Du schälen und fein hacken. Das Butterschmalz kannst Du dann in einem Topf erhitzen und die Zwiebeln darin glasig schwitzen.

4. Gib die Kohlrabiwürfel dazu und lasse das Ganze kurz mitschwitzen. Das Gemüse kannst Du mit Salz, Pfeffer und Majoran würzen.

5. Gieße die Gemüsebrühe an, bringe das Gemüse zum Kochen und gare es in 10–12 Minuten bißfest.

6. Zum Schluß kannst Du das Gemüse mit der verlesenen, gewaschenen und feingehackten Petersilie sowie mit dem Kohlrabigrün verfeinern.

7. Den Käse mußt Du in 2 Zentimeter grobe Würfel schneiden, die Würfel zuerst im verquirlten Ei wenden und anschließend mit den Semmelbröseln panieren.

8. Erhitze Butterschmalz in einer Pfanne oder in einem kleinen Topf und backe die Käsewürfel darin goldgelb aus. Wenn Du die ganzen Käsewürfel fertig gebacken hast, kannst Du das Kohlrabiragout anrichten, mit den Käsewürfeln bestreuen, ausgarnieren und sofort servieren.

Überbackene Frikadellen

FÜR 4 PERSONEN:

- 600–700 g gemischtes Hackfleisch
- 2 altbackene Brötchen
- Milch zum übergießen
- 1 Zwiebel
- 3 Eier
- 2–3 EL mittelscharfen Senf
- 1 EL Majoran
- 1 TL Thymian
- 1 TL Paprikapulver
- 1 Prise Meersalz
- weißen Pfeffer aus der Mühle
- 1–2 EL Butterschmalz
- 4 Tomaten
- 125 g geriebenen Butterkäse
- Tomatenscheiben und Kräuterzweige zum Garnieren

SO MACHST DU'S

1. Das Hackfleisch mußt Du in eine Schüssel geben. Die altbackenen Brötchen schneidet man zuerst in Scheiben, gibt sie in eine Schüssel und übergießt sie dann mit der Milch.

2. Diese eingeweichten Brötchen mußt Du gut ausdrücken, fein hacken und zum Fleisch geben.

3. Die Zwiebel mußt Du schälen, in feine Würfel schneiden, mit den Eiern und dem Senf kannst Du das Ganze zum Fleisch geben und zu einer glatten, kompakten Masse verarbeiten. Nimm hierfür am Besten die Hände, denn damit geht es am leichtesten.

4. Jetzt kannst Du die Masse mit Majoran, Thymian, Paprikapulver, Salz, Pfeffer abschmecken.

5. Wenn alles soweit vorbereitet ist kannst Du Hacksteaks daraus formen, dann mußt Du etwas Butterschmalz in einer Pfanne erhitzen und die Steaks darin auf beiden Seiten braten. Das Ganze dauert etwa 8–10 Minuten.

6. Die Tomaten mußt Du waschen und den Strunk mit einem Messer herausschneiden, dann kannst Du die Tomaten in Scheiben schneiden. Wenn die Hacksteaks fertig sind lege sie auf eine feuerfeste Platte und belege die Hacksteaks mit Tomatenscheiben.

7. Zum Schluß bestreust Du das Ganze mit dem geriebenen Käse und läßt es unter dem Grill oder im auf 220 °C vorgeheizten Backofen solange backen bis der Käse geschmolzen ist. Jetzt nimmst Du die Hacksteaks und legst sie dekorativ auf einen Teller. Mit einigen Tomatenscheiben und Kräuterzweigen kannst Du das Ganze ausgarnieren und dann sofort servieren.

Nachdem die Küchenwichtel sich von dem Abenteuer mit dem Kater erholt hatten, waren sie schon bald wieder hungrig. Kein Wunder, denn es war inzwischen Mittag geworden.

„Wir müssen noch einmal zurück zum Apfelbaum", sagte Dreistein. „Wir brauchen nämlich Apfelsamen, damit wir

daheim im Wald einen Apfelbaum anpflanzen können."

„Gute Idee", meinte Mampfredo. „Aber wir müssen höllisch aufpassen."
„Höllisch aufpassen? Wobei?"
„Daß wir nicht nur Rezepte und Apfelkerne sammeln und dabei vergessen, selber etwas zu essen."

Da hatte Mampfredo recht, und die anderen verließen auch schon die Mausehöhle. Im Bauernhaus gab es noch viele Ecken und Zimmer, die zu entdecken waren.

Mitzi führte die Küchenwichtel zu einem Raum, aus dem es schon von weitem köstlich duftete. Mampfredo lief das Wasser im Mund zusammen. Die vier schlüpften unter der Tür hindurch. Ein Glück, daß Mampfredo schon seit einer Stunde nichts mehr gegessen hatte. „Ich bin dünn wie ein Sonnenstrahl", sagte er. Rosmarina lachte. „So wie es hier riecht, bist du bald wieder dick wie eine Gewitterwolke."

„Was ist das für ein Zimmer?" fragte Dreistein, und Mitzi antwortete: „Hier lagern die Menschen ihre Vorräte. Sie nennen es Speisekammer."

„Ein sehr schönes Zimmer", sagte Mampfredo. „Wenn dein Mauseloch leergefressen ist, dann werde ich wahrscheinlich hierher ziehen."

„Moment mal!" rief Dreistein. „Hier riecht es doch nach Apfel, oder?"
„Allerdings", sagte Rosmarina und deutete auf eine Holzkiste voller Äpfel.

„Warum schleppt man die Äpfel hier herein, man kann sie doch gleich essen?" Mampfredo schüttelte den Kopf; die Menschen schienen wirklich ziemlich seltsame Wesen zu sein.
Mitzi kannte aber auch hier eine Erklärung.
„Ein Apfelbaum trägt so viele Äpfel, die kann nicht einmal ein ganzes Wichtelvolk aufessen. Man kann die Äpfel in Kisten packen und eine Weile

aufbewahren. Wenn man einen kühlen Kellerraum hat, dann halten sich die Äpfel mindestens bis Weihnachten. Man kann die Äpfel aber auch auspressen."

„Auspressen?!" rief Rosmarina. „So eine Gemeinheit, die armen Äpfel haben doch niemandem was getan."

Mitzi zuckte mit den Schultern und sagte: „Dem Apfel ist es egal, ob er gegessen oder ausgepreßt wird. Aber der Saft schmeckt sehr gut. Man macht ihn heiß, bis er kocht, dann füllt man ihn schnell in Flaschen ab."

„Und dann?"

Dann hat man Apfelsaft, der hält ein ganzes Jahr. Und schmeckt richtig nach Apfel, weil er sonst ein Birnensaft wäre, und süß ist er obendrein noch, so süß wie frischer Löwenzahnwein."

„Seit wann ist ein Löwenzahn süß?" fragte Rosmarina.
„Na ja", sagte Mitzi kleinlaut. „Zugegeben, das war ein schlechter Vergleich. Aber süß ist der Apfelsaft trotzdem, ungelogen."

„Alles bloß Worte", sagte Mampfredo. „Ich glaube das erst, wenn ich den Saft probiert habe. Wer macht die Flasche auf?"

Dreistein wußte, wie man Flaschen öffnet: Man dreht einfach den Schraubverschluß ab. Aber was nützt einem alles Wissen, wenn die Kräfte nicht ausreichen? Die Flasche war nämlich so fest verschlossen, daß nur ein Mensch mit seinen Riesenhänden sie öffnen konnte. Zum Glück fiel die Flasche plötzlich um. Wie das kam, wußte hinterher keiner. Vielleicht war es Zufall, oder Glück. Vielleicht war es ein Luftzug, der den Wichteln zu Hilfe geeilt war. Vielleicht war es aber auch

ein echtes Wunder oder etwas anderes, das niemand verstehen kann.

Fest steht auf jeden Fall, daß die Flasche in siebenundzwanzig Scherben zersprungen war, daß der wertvolle Apfelsaft sich auf dem Boden ausbreitete und einen See bildete. Er ähnelte dem Bodensee, nur war er nicht so tief. Davon abgesehen wußten die Küchenwichtel gar nicht, was der Bodensee ist. Sie interessierten sich auch gar nicht für irgendwelche Seen. Sogar der weite Ozean war ihnen im Augenblick völlig egal. Sie hatten Besseres zu tun: Sie räumten die Scherben zur Seite und tranken den See auf.

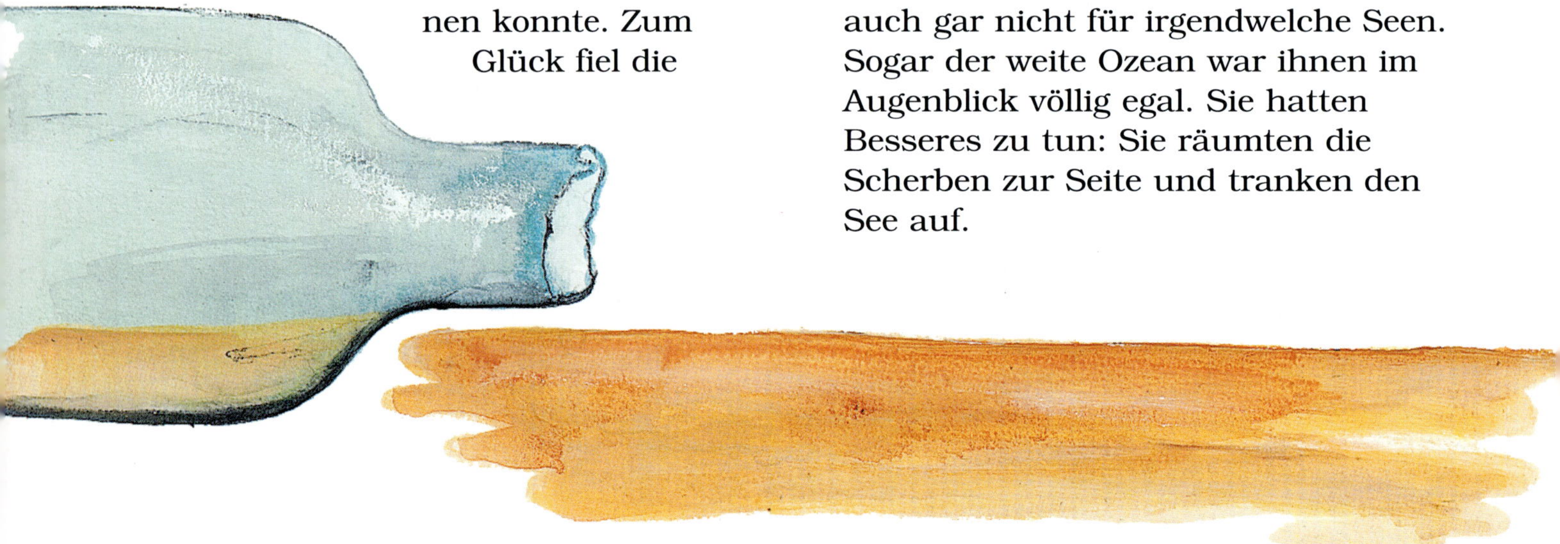

Der See schmeckte sehr gut, in der Mitte ebenso wie an den Ufern. „Gibt es noch mehr Seen hier?“ fragte Mampfredo. „Ich hätte auch nichts gegen einen kleinen Ozean einzuwenden.“

Die anderen hatten genug getrunken. Sie interessierten sich für die vielen anderen leckeren Dinge in der Speisekammer.
„Hinauf auf die Regale!“ rief Rosmarina.

Aber als die Küchenwichtel losrennen wollten, da konnten sie sich nicht vom Fleck bewegen. Höchstens ein Milimilimeterchen, aber kein bißchen weiter.

Was konnte das bedeuten?
Hatten die Wichtel das Laufen verlernt? Vielleicht, aber eher unwahrscheinlich. Ein Wasserhahn kann das Laufen verlernen, wenn er verrostet ist, aber ein Wichtel nicht. Und selbst wenn er es verlernen würde, dann würde er hüpfen oder springen oder gehen. Aber auf der Stelle stehenbleiben, das würde kein Küchenwichtel.
Es sei denn...
Es sei denn?
Es sei denn, ein böser Zauberer hätte seine Zauberhände im Spiel.
Aber ich bitte euch, in gewöhnlichen Speisekammern kommen doch keine bösen Zauberer vor!

Die Lösung war ganz einfach.
Mitzi Maus grinste und sagte:

Zucker heißt der Zauberer, der euch am Boden festgeklebt hat."

Es tröstete die Küchenwichtel nur ein kleines bißchen, daß sie den Namen des Zauberers kannten. Viel lieber wären sie freigekommen, und zwar sehr schnell. Zuerst drohten sie dem Zauberer, dann bettelten sie, aber niemand hörte ihnen zu. Bis schließlich Mitzi wieder kicherte und sagte: „Ich kenne jemanden, der den Zuckerzauber wegwischt, so wie der Wind die Löwenzahnsamen."

Schon wieder ein Vergleich mit dem Löwenzahn, aber diesmal konnten sich die Küchenwichtel wenigstens etwas dabei vorstellen.
„Dann los!" rief Mampfredo. „Ruf den Unbekannten, damit er uns befreit, bevor wir hier jämmerlich verhungern."

Mitzi huschte davon, ohne ein Wort zu sagen, kehrte aber schon nach sieben Minuten und drei Sekunden zurück (Dreistein hatte nämlich mitgezählt).

Mitzi sagte wieder nichts. Konnte sie auch nicht, denn sie hatte etwas im Mund. Ein Bonbon? Nein, es mußte viel größer sein, denn Mitzis Backen waren ganz dick. Vielleicht hatte sie Luft im Mund? Aber wozu denn? Zum Kerzenausblasen braucht man einen Mundvoll Luft, aber nirgends brannte eine Kerze. Was war es dann? Na? Ganz richtig.

Wasser!
Schönes, nasses Wasser, ein bißchen warm vielleicht, aber schön durchsichtig. Mitzi spuckte das Wasser über die Füße der Wichtel, von wo es auf den Boden rann.

„Was soll der Blödsinn mit dem Wasser?" fragte Rosmarina, doch dann sagte sie „Danke!", denn plötzlich konnte sie den Fuß wieder heben.

„Das Wasser hat den Zuckerklebezauber besiegt", stellte Dreistein fest. „Das merken wir uns, für den Notfall."

Mampfredo allerdings hatte den Zuckerzauber schon längst vergessen. Er war auf dem Regal nach oben geklettert und hatte eine Reihe von Gläsern entdeckt. In manchen war etwas Rotes, in anderen etwas Gelbes oder Orangefarbenes. Was das wohl sein mochte?`

„Kann man das essen?“ fragte er.

„Klar“, antwortete Mitzi. „Aber da ist noch mehr Zucker drin als im Apfelsaft.“

„Dann lieber nicht“, sagte Mampfredo. Aber als Mitzi ihm versicherte, daß eine Marmelade niemals über den Boden läuft, weil sie nämlich so gut erzogen ist, daß sie am liebsten an einem Löffel kleben bleibt oder auf einem Butterbrot, da überlegte Mampfredo es sich anders und sagte: „Dann lieber doch.“

Zwei Minuten später wußte Mampfredo, daß Marmelade etwas ganz Feines ist.
„Und sie macht gar nicht satt“, behauptete er.

Während sich Mampfredo nicht beherrschen konnte und noch ein Glas Stachelbeermarmelade probierte, erklärte ihnen Mitzi den Unterschied zwischen Gelee und Marmelade.

Für eine Marmelade oder eine Konfitüre werden Früchte zerkleinert, mit Zucker verrührt und aufgekocht. Beim Gelee wird statt ganzen Früchten nur der Fruchtsaft verwendet.

„Was Mitzi alles weiß!“ staunte Rosmarina. „Dann weißt du sicher auch, was man sonst noch mit dem Obst machen kann und wieviele Obstsorten es gibt.“

„Ich weiß alles!“ rief Mitzi. Aber das war ziemlich übertrieben; denn Mitzi wußte nicht wie hoch der Nanga Parbat ist oder wie lang die Donau ist. Mitzi wußte auch nicht, ob man beim Fußball mit einem Puck, einem Ball oder einem Diskus spielt. Und schließlich hatte sie keine Ahnung, ob es im Telefonhörer weitertutet, wenn man ihn wieder aufgelegt hat.
Aber sonst wußte Mitzi alles, zum Beispiel, daß im Obst Vitamin C drinsteckt.

„Ich sehe nichts“, sagte Rosmarina, die eine Pflaume gefunden und zerteilt hatte.

„Man sieht nichts, aber das Vitamin C ist drin“, erklärte Mitzi. „Wer viel Vitamin C ißt, der wird nicht so schnell krank.“
„Krank sein ist doof“, sagte Mampfredo. „Da hat man keinen Hunger, nicht mal Appetit. Ein Glück, daß ich erst ein einziges Mal beinahe krank gewesen bin.“

„In den Orangen und Zitronen ist viel Vitamin C drin, oder in den Kiwis“, sagte Mitzi. „Obst kann man immer essen. Roh, oder in einer Suppe. Manche essen Ananasstückchen oder Mandarinen zum Fleisch. Man kann es auspressen, oder ein Kompott draus machen. Dann braucht man es für Obstsalate und Eis und einfach alles was schmeckt.“

„Na sowas“, sagte Dreistein. „Und wir haben mit den Himbeeren immer Federball gespielt, weil wir nicht wußten, daß es Früchte sind. Und Heidelbeeren haben wir gepflückt und gleich gegessen. Gibt es noch mehr Obstsorten?“
„Obst gibt es überall in der Welt“, sagte Mitzi und zählte 22 Sorten auf, von Ananas bis Zitrone. Wer mehr als 22 Obstsorten kennt, der ist klüger als Mitzi Maus.

Mitzi malte den Wichteln noch ein Kreuzworträtsel auf. Allerdings konnten die Küchenwichtel das Rätsel nicht lösen. Aber du schaffst das sicher ganz schnell. Wenn du es richtig ausfüllst, dann erhältst du in den rosa Kästchen das Lösungswort.

Gesundes aus Obst

Aprikosensuppe mit Quarkklößchen

FÜR 4 PERSONEN:

400 g getrocknete Aprikosen
3/4 l Aprikosennektar
2 Päckchen Vanillezucker
2–3 EL Honig
25 g Butter oder Margarine
2 Eigelb
250 g Quark
1 Prise Salz
75 g Semmelbrösel
30 g Sonnenblumenkerne
1 Eiweiß

SO MACHST DU'S

1. Die Aprikosen mußt Du mit dem Aprikosennektar in einen Topf geben und zum Kochen bringen, lasse das Ganze zugedeckt bei mäßiger Hitze 10 Minuten garen.

2. Jetzt mußt Du die Suppe im Mixer oder mit dem Pürierstab pürieren, dann kannst Du sie mit Vanillezucker und Honig abschmecken.

3. Für die Klößchen mußt Du die Butter in eine Schüssel geben und mit dem Schneebesen schaumig schlagen. Die Eigelbe mußt Du langsam einrühren, dann kannst Du den Quark dazugeben und alles gut miteinander vermischen.

4. Würze die Masse mit Salz und hebe die Semmelbrösel darunter. Die Sonnenblumenkerne mußt Du in einer Pfanne ohne Fett kurz rösten, diese Kerne kannst Du dann ebenfalls unter die Masse ziehen.

5. Ganz zum Schluß mußt Du das Eiweiß sehr steif schlagen und unter die Quarkmasse heben.

6. Erhitze dann Salzwasser, mit einem Eßlöffel kannst Du aus der Masse Klößchen abstechen und diese in das kochende Wasser geben. Lasse die Klößchen dann im Salzwasser 10 Minuten ziehen, d.h. Du darfst das Ganze nicht mehr kochen lassen.

7. Die Aprikosensuppe mußt Du erhitzen, dann kannst Du sie anrichten, jetzt gibst Du die Quarkklößchen auf die Suppe, bestreust das Ganze mit einigen Sonnenblumenkernen und servierst es so. Du wirst sehen, es schmeckt ganz phantastisch.

Milchreis mit Heidelbeer-Becher

FÜR 4 PERSONEN:

400 g frische Heidelbeeren
2 EL Zucker
1 TL Speisestärke
einige Tropfen Zitronensaft
einige Tropfen Vanillearoma
Zucker nach Geschmack
3 Becher fertigen Milchreis
1/2 Becher Sahne
1 Päckchen Sahnesteif
Zitronenmelisse zum Garnieren

SO MACHST DU'S

1. Die Heidelbeeren mußt Du verlesen, waschen, gut abtropfen lassen und einige Beeren für die Garnitur beiseite stellen.

2. Die restlichen Beeren gibst Du dann in eine Schüssel und zerdrückst sie mit einer Gabel.

3. Jetzt gibst Du den Zucker dazu und läßt das Ganze 10 Minuten ziehen. Nun kannst Du die Heidelbeeren in einen Topf geben und aufkochen.

4. Die Speisestärke mußt Du mit etwas kaltem Wasser glattrühren, so kannst Du die Heidelbeeren dann abbinden, d.h. Du rührst die Speisestärke mit dem Schneebesen unter die kochenden Beeren und läßt Sie 1 Minute kochen.

5. Jetzt mußt Du das Beerenmus vom Feuer nehmen und kannst es mit Zitronensaft, Vanillearoma und Zucker nach Geschmack abschmecken.

6. Den Milchreis nimmst Du aus den Bechern und verrührst den Reis in einer Schüssel. Die Sahne mußt Du mit Sahnesteif steif schlagen und mit Zucker nach Geschmack süßen. Jetzt kannst Du die Sahne unter den Milchreis heben.

7. Wenn Du den Reis noch etwas süßen willst, so nimm etwas Zucker. Fülle dann die Hälfte davon in dekorative Gläser.

8. Das Heidelbeermus mußt Du dann darauf verteilen und mit dem restlichen Milchreis kannst Du das Mus abdecken.

9. Mit den verlesenen, gewaschenen und abgepflückten Zitronenmelisseblättchen und den zurückbehaltenen Heidelbeeren kannst Du Deinen Heidelbeerbecher ausgarnieren und servieren.

Blechkuchen mit Beeren

FÜR 12 STÜCK:

190 g Butterschmalz
180 g Mehl
1 Päckchen Backpulver
140 g Zucker
2 Eier

AUSSERDEM:

400 g Himbeeren
400 g Brombeeren
400 g Erdbeeren
60 g Zucker
2 Päckchen roten Tortenguß
100 g gehobelte Mandeln
10 g Butterschmalz

SO MACHST DU'S

1. Für den Teig mußt Du 180 g Butterschmalz, das Mehl, das Backpulver, den Zucker und die Eier in eine Schüssel geben und mit dem elektrischen Handrührgerät 5 Minuten schlagen.

2. Mit dem restlichen Butterschmalz mußt Du dann ein Backblech ausfetten und den Teig auf das Blech geben, gleichmäßig verstreichen und im auf 180–200 °C vorgeheizten Backofen in 20–25 Minuten abbacken.

3. In der Zwischenzeit kannst Du die Himbeeren und Brombeeren, sowie die Erdbeeren verlesen, waschen, gut abtropfen lassen und bereitstellen. Wenn Du große Erdbeeren hast mußt Du diese noch halbieren oder vierteln.

4. Den roten Tortenguß mußt Du nach Packungs-Anweisung zubereiten.

5. Die Mandeln mit dem Butterschmalz in eine Pfanne goldgelb rösten.

6. Den Kuchenboden mußt Du dann auf ein Kuchengitter setzen und die Beeren abwechselnd in Längsstreifen auf dem Kuchenboden dekorativ anrichten.

7. Mit dem restlichen Zucker kannst Du die Beeren bestreuen, den Tortenguß darüber verteilen und glattstreichen. Jetzt mußt Du das Ganze mit den Mandeln bestreuen und abtrocknen lassen.

8. Sobald der Kuchen fertig ist, kannst Du ihn in Stücke schneiden, anrichten, ausgarnieren und servieren.

Streuselkuchen mit Kirschen

FÜR 12 STÜCK:

- 90 g Butterschmalz
- 90 g Mehl
- 70 g Zucker
- 1 Ei
- 1/2 Päckchen Backpulver

AUSSERDEM:

- 750 g Süßkirschen
- 90 g Butterschmalz
- 2 Eigelb
- 100 g Zucker
- 150 g Mehl
- 1 TL Zimtpulver

SO MACHST DU'S

1. Das Butterschmalz mußt Du mit dem Mehl, dem Zucker, dem Ei und dem Backpulver in eine Schüssel geben und mit dem Handrührgerät 5 Minuten kräftig verrühren und kneten.

2. Eine Springform mußt Du dann mit Butterschmalz einfetten und den Teig einfüllen, glattstreichen und im auf 180–200 °C vorgeheizten Backofen in 20 Minuten abbacken.

3. In der Zwischenzeit kannst Du die Kirschen entsteinen, waschen, gut abtropfen lassen und bereitstellen.

4. Für die Streusel mußt Du das Butterschmalz, die Eigelbe, den Zucker, das Mehl und das Zimtpulver auf eine Arbeitsfläche geben und mit den Händen verkneten und abbröseln.

5. Wenn der Tortenboden gebacken ist, mußt Du die Kirschen darauf gleichmäßig verteilen. Jetzt kannst Du die Streusel darüber geben und ebenfalls verteilen.

6. Erneut mußt Du den Kuchen im auf 180–200 °C vorgeheizten Backofen 30-40 Minuten backen. Sobald der Streuselkuchen fertig ist, mußt Du Ihn herausnehmen, erkalten lassen, in Stücke schneiden und servieren.

Nach dem Besuch in der Speisekammer mußten sich die Wichtel erstmal gründlich waschen, denn von der süßen Marmelade hatten sie ganz klebrige Finger. Mampfredo mußte sich sogar die Ohren waschen, was ihm natürlich gar nicht paßte.

Später untersuchte Mampfredo die Mausehöhle nach Köstlichkeiten, die er bisher übersehen hatte. Bis auf ein Stück Emmentaler aus dem letzten Jahrhundert fand er nichts. Gestern hatte er bei Frau Bindfaden in der Küche aus reiner Neugier mal das Geschirrspülwasser probiert. So ähnlich schmeckte der Emmentaler. Nur noch ein bißchen mehr nach Autoreifen und altem Taschentuch. Mampfredo verzog das Gesicht und sagte zu Dreistein: „Das brauchst du nicht aufzuschreiben. Wir bleiben lieber bei Obst und Gemüse und den anderen Sachen."

Dreistein spitzte seinen Bleistift und sagte: „Ich habe sowieso kaum noch Platz in meinen Büchern. Und außerdem..."
Dreistein blickte Mampfredo scharf in die Augen.
Mampfredo überlegte. Er überlegte eine Minute, und noch eine, und eine weitere, und als er sieben Minuten überlegt hatte, da wurde er plötzlich rot und sagte leise:
„Und außerdem warten die anderen sicher schon sehnsüchtig auf uns."

„Genau!" sagte Dreistein, und Rosmarina nickte dazu.
„Die Helden in den Märchen müssen immer drei Aufgaben lösen", sagte Mitzi. „Wer eine Sternschnuppe sieht, der hat drei Wünsche frei, und aller guten Dinge sind ebenfalls drei."

Da staunten die Wichtel. Mitzi war wirklich sehr klug. Aber was wollte sie ihnen eigentlich sagen?
„Ganz einfach, daß eure Suche nach Rezepten drei Tage lang dauern soll. Und heute ist der dritte Tag."
„Ach so", sagte Mampfredo. „Dann müssen wir uns heute noch mal so richtig sattessen, sonst stehen wir die anstrengende Reise zurück in den Wichtelwald niemals durch."

Dreistein blätterte langsam seine Notizbücher durch.
„Gibt es noch ein paar Speisen und Rezepte, die wir nicht kennen?"
Mitzi überlegte. Schließlich sagte sie: „Oh ja. Ihr habt zwar vieles kennengelernt, aber ausgelernt habt ihr noch lange nicht. Fürs erste jedoch wißt ihr genug. Und wenn der Zauberer Quirlquirl nicht bald wieder gesund ist, dann kommt ihr eben wieder zu Besuch und lernt andere Dinge und neue Rezepte."

„Drei Seiten", sagte Dreistein, „sind noch frei. Mit welchen Rezepten könnte ich sie füllen?"
Mitzi dachte nach. Mampfredo scharrte ungeduldig mit den Füßen. Schließlich sagte er: „Beeil dich, wir müssen noch so viel essen bis zur Abreise."

Mitzi überlegte laut: „Was man zum Frühstück essen kann, habt ihr gesehen, Gemüse zum Mittag, Kartoffeln und Obst. Aber was ißt man zum Nachtisch? Oder am Nachmittag, wenn Freunde zu Besuch kommen, oder wenn ein Wichtel Geburtstag feiert, oder… ?“

„Ja, das möchte ich gerne wissen“, sagte Rosmarina, und was Mampfredo sagte, das dürft ihr dreimal raten. Er sagte: „Ich auch!“

Auf dem Weg in die Küche erzählte Mitzi, was alles als Nachspeise in Frage kommt.
„Man kann einen Apfel essen.“
„Kennen wir schon.“
„Oder Apfelkompott, aber das kennt ihr auch schon.“
„Und den Obstsalat auch“, sagte Mampfredo. „Aber ich würde gerne noch mal einen probieren, nur um zu wissen, ob er mir heute genauso gut schmeckt wie gestern.“

„Wißt ihr, was ein Pudding ist? fragte Mitzi.

„Na klar!“ sagte Rosmarina. „Ein Pudding ist, wenn ein Wichtel sieben andere Wichtel kennt, die alle am selben Tag Geburtstag haben und die alle am liebsten glattgekämmtes Moosgrün mit Tannenzapfenbraten essen.“
„Das soll ein Pudding sein?“ Mitzi kratzte sich hinterm linken Ohr, nein – hinterm rechten war's.
„Rosmarina hat recht“, sagte Dreistein, und Mampfredo nickte zustimmend.

„Also, bei uns ist ein Pudding eine süße Speise, nicht so weich wie Soße, aber auch nicht so hart wie ein Stein. Wenn man den Löffel hineinsteckt, dann bleibt er drin stehen. Meistens verwendet man ein Puddingpulver. Das wird mit Milch oder Wasser verrührt, und dann stellt man es in den Kühlschrank, bis es steif ist. Am Schluß kommt das schönste: die Sauce dazu!“

„Das ist bei euch ein Pudding?“ fragten die Küchenwichtel.
Sie konnten es nicht recht glauben. Aber sie mußten immerhin zugeben, daß man Mitzis Pudding essen konnte, und das war doch sehr interessant.
Dreistein notierte sich das Rezept und sagte: „Wir nennen unseren Pudding in Zukunft Pudding 1 und den Pudding zum Essen Pudding 2, dann können wir die beiden nicht verwechseln.“
„Außer man verwechselt 1 und 2“, sagte Mampfredo, der sich nicht gerne mit Zahlen beschäftigte.
„Na ja“, gab Dreistein zu. „Dann nennen wir sie eben Wichtelpudding und Mäusepudding. Wichtel und Mäuse wird wohl keiner verwechseln.“
„Nein“, sagte Mampfredo. „Es sei denn einer ist...“

„Was?“
„Ach nichts“, sagte Mampfredo und deutete nach vorne. „Dort ist schon die Küche.“

Frau Bindfaden war gerade beim Kuchenbacken, als die Wichtel die Küche erreichten. Auf dem Tisch entdeckten sie Mehl und Butter und Eier.

Dreistein interessierte sich besonders für die Eier, weil sie so schön rund und weiß waren.

„Die Eier kommen von den Hühnern", sagte Mitzi. „Die haben den ganzen Tag nichts anderes zu tun als zu fressen

und herumzulaufen, und morgens legen sie ein Ei." Eier braucht man zum Kochen und zum Backen. Ein Kuchen ohne Eier ist wie ein Auto ohne Räder. Man kann aus den Eiern auch Eierkuchen, Omeletts oder Crêpes machen. Das schmeckt himmlisch süß!"
Mampfredo stimmte ihr zu. Er hatte inzwischen schon von dem Teig probiert, der auf dem Fensterbrett unter

einem Tuch lag. Frau Bindfaden wunderte sich sehr. Denn je länger sie den Teig gehen ließ, desto kleiner wurde er. Normalerweise muß es genau andersherum gehen.
„Manchmal verstehe ich die Welt nicht mehr", dachte Frau Bindfaden, „oder habe ich etwas falsch gemacht?"
Nein, das hatte sie nicht. Aber wer rechnet schon damit, daß er einen

Küchenwichtel in der Küche zu Besuch hat? Du vielleicht?

„Übrigens", sagte Mitzi, „mit Eiern muß man vorsichtig sein. Man darf nur ganz frische verwenden."
„Ich weiß", rief Rosmarina. „Die weißen sind frisch, die braunen sind alt."

Mitzi schüttelte den Kopf. „Nein, nein, nein! Es gibt weiße und braune Eier. Ob sie frisch sind, erkennt man, indem man sie in ein Glas Wasser legt. Wenn sich das Ei quer auf den Boden legt, dann ist es frisch. Wenn es aufrecht schwimmt, dann ist es nicht mehr frisch."

Mampfredo verdrehte die Augen. Solche komplizierten Lebensmittel waren ihm nicht geheuer. Aber andererseits war so ein Kuchen schon etwas sehr Verlockendes. „Am besten nehmen wir einfach ein Huhn mit in den Wald, dann haben wir immer frische Eier", sagte er schließlich.

Mitzi schüttelte nur den Kopf. „Ihr wißt hoffentlich wie groß so ein Huhn ist. Man kann es nicht einfach in den Rucksack packen.
„Das werden wir schon sehen", sagte Rosmarina.

Die Küchenwichtel wollten gar nicht länger über frische Eier nachdenken, denn sie hatten inzwischen etwas anderes entdeckt. Es war weiß wie Salz, aber es war kein Salz.

„Zucker", sagte Mitzi. „Wer süße Speisen zubereiten will, der kommt ohne Zucker nicht aus."
„Aber", sagte Mampfredo, „man kann den Zucker auch allein essen."
Das war zwar richtig, aber besser schmeckt er doch in einem Kuchen, in Keksen und Plätzchen, in einem Pudding oder einem Kompott.

„Übrigens könnt ihr statt Zucker auch Honig nehmen. Der schmeckt auch gut. Nur solltet ihr die Zähne putzen, wenn ihr Zucker gegessen habt, denn Zucker macht die Zähne kaputt. Wir Mäuse brauchen das nicht, denn unsere Zähne wachsen immer nach. Aber eure Wichtelzähne, die wachsen nur einmal nach, oder?"

Da nickten die Wichtel und waren ein bißchen neidisch auf Mitzi Maus. Aber das dauerte nur sieben Sekunden, denn dann öffnete Frau Bindfaden den Backofen, und ein herrlicher Duft erfüllte die Küche. Mampfredo konnte es kaum erwarten, bis Frau Bindfaden endlich die Küche verließ. Einen Augenblick später war er den Tisch hinauf geklettert. Schon hatte er das Blech mit dem Kuchen erreicht, da griff er nach dem Kuchen, und plötzlich schrie er auf!

„Hilfeeeee, Auaaaaaaaaaaaaaaaa!“ Mampfredo hatte sich den Zeigefinger der rechten Hand verbrannt. Ausgerechnet den, den er auch zum Nasenbohren brauchte! So ein Jammer!

„Schnell zum Wasserhahn!“ rief Mitzi. „Kaltes Wasser hilft.“
„Schon wieder Wasser“, jammerte Mampfredo. Aber seinem Finger tat das kühle Wasser gut, wenn auch der Schmerz nicht gleich ganz weg war.

„Ohne Topflappen sollte man sich einem Kuchenblech nicht nähern“, sagte Mitzi.
Mampfredo brummte: „Ich hab's ja gleich gesagt, am besten schmeckt der Zucker so wie er ist, man muß ihn nicht erst heiß machen.“

Aber dann schnitt ihm Rosmarina ein großes Stück vom Kuchen ab. Das durfte er ganz allein und so schnell er wollte essen. Das war eine sehr viel bessere Medizin als das kalte Wasser.

Bald hatte Mampfredo seinen schmerzenden Finger vergessen. Und die anderen hatten auch alles vergessen, denn alle hatten sich so mit Kuchen vollgestopft, daß sie gar nichts mehr denken konnten außer:
„Ich bin müde.“

Also schlichen sie ins Mauseloch und schliefen ein Stündchen, oder zwei. Nur Frau Bindfaden schlief nicht. Als sie in die Küche zurückkam und das Kuchenblech leer fand, da schimpfte sie vor Zorn auf den Übeltäter.
Doch wer war der Übeltäter? Keiner aus der Familie wollte es gewesen sein. Dann kam nur noch der Kater in Frage. Und während Maus und Wichtel selig schliefen, bekam der Kater einen leichten Schlag zwischen die Ohren und hinterher zwei Tage nichts zu fressen.

„So ungerecht ist die Welt“, dachte der Kater und kletterte auf einen Baum, wo niemand ihn ärgern konnte.

tägli

Zum Nachtisch

Reisauflauf

FÜR 4 PERSONEN:

- 1/2 l Milch
- 1 Prise Salz
- 1 Stück Zitronenschale
- 1 Zimtstange
- 100 g Milchreis
- 50 g Butter oder Margarine
- 50 g Zucker
- 3 Eier
- 1 Päckchen Puddingpulver mit Vanillegeschmack
- 2 gestr. TL Backpulver
- 2 EL gehackte Mandeln
- Butter oder Margarine zum Ausfetten
- Semmelbrösel zum Bestreuen

SO MACHST DU'S

1. Die Milch mußt du mit dem Salz, der geriebenen Zitronenschale und der Zimtstange in einen Topf geben und zum Kochen bringen.

2. Den Reis mußt du waschen, gut abtropfen lassen, nun in die Milch geben und unter ständigem Rühren ca. 25 Minuten ausquellen lassen.

3. Die Zimtstange mußt du dann herausnehmen, den Reis in eine Schüssel geben und vollständig auskühlen lassen.

4. Jetzt mußt du die Butter oder Margarine mit dem Zucker in eine Schüssel geben und schaumig schlagen.

5. Die Eier dann nach und nach kräftig darunterschlagen, so daß ein schöner Schaum entsteht.

6. Das Puddingpulver mußt du mit dem Backpulver vermischen und vorsichtig mit den Mandeln unter den Eischaum rühren. Anschließend das Ganze zum Reis geben und zu einer glatten Masse verarbeiten.

7. Eine Auflaufform mußt du dann mit Butter oder Margarine ausfetten und mit Semmelbröseln bestreuen. Jetzt erst kannst du den Reisteig einfüllen.

8. Schiebe das Ganze in den auf 180–200 °C vorgeheizten Backofen und backe den Reisauflauf in 40–50 Minuten.

9. Wenn der Reisauflauf fertig ist, dann stürze ihn aus der Form und serviere ihn warm oder kalt. Dazu reicht man am besten ein Erdbeer-, Himbeer- oder ein anderes Fruchtpüree oder auch ganz einfach eine Vanillesauce, aber auch Eis schmeckt ganz gut dazu.

Nußschmarren

FÜR 4 PERSONEN:

- 100 g gemahlene Haselnüsse
- 1 EL Butter oder Margarine
- 150 g Weizenmehl
- 150 g blütenzarte Haferflocken
- 6 Eigelb, 6 Eiweiß
- 1/2 l Milch
- 1 Prise Salz, 50 g Zucker
- Butterschmalz zum Backen
- Pflaumenkompott oder anderes Kompott, das du magst
- Zucker oder Zimtzucker zum Bestreuen

SO MACHST DU'S

1. Die Haselnüsse mußt du in ganz wenig Butter oder Margarine in einer Pfanne goldgelb rösten. Anschließend vom Feuer nehmen und auskühlen lassen.

2. Jetzt mußt du das Mehl mit den Haferflocken, den Haselnüssen, den Eigelben und der Milch in eine Schüssel geben und zu einem glatten Teig verrühren. Das geht am besten mit dem Kochlöffel. Den Teig mußt du dann 1/2 Stunde ausquellen lassen.

3. Wenn dies geschehen ist, dann mußt du das Eiweiß zu steifem Schnee schlagen. Mit etwas Salz geht das sehr leicht.

4. Zum Schluß mußt du den Zucker unter ständigem Schlagen ins Eiweiß einrieseln lassen. Jetzt kannst du den Eischnee vorsichtig unter den Teig ziehen.

5. In einer Pfanne kannst du dann das Butterschmalz erhitzen und portionsweise den Teig in das heiße Fett geben, glattstreichen und goldgelbe Pfannkuchen ausbacken.

6. Wenn die Pfannkuchen vollständig gebacken sind, mußt du sie mit zwei Gabeln zerreißen. Nochmals kurz durchschwenken, dekorativ anrichten und mit Pflaumenkompott oder einem anderen Kompott, das du gerne magst, servieren. Ganz besonders fein wird der Nußschmarren, wenn du ihn mit Zucker oder Zimtzucker bestreust. Du kannst aber auch Puderzucker verwenden.

Die
BUTTERSCHMALZ
Küche

Grießflammerie mit Pflaumen-kompott

FÜR 4 PERSONEN:

1 l Milch
1 Prise Salz
200 g Vollweizengrieß
1 EL geriebene Zitronenschale
2 Vanilleschoten
3 Eier, 3–4 EL Honig

FÜR DAS KOMPOTT:

400 g Pflaumen
1–2 EL Butter oder Margarine
2 EL Zucker
1/4 l Pflaumensaft
4 EL Honig
1 TL Zimtpulver

SO MACHST DU'S

1. Die Milch mußt du mit dem Salz in einen Topf geben und einmal aufkochen lassen.

2. Jetzt kannst du den Grieß mit dem Schneebesen einrühren, die Zitronenschale und das ausgeschabte Vanillemark dazugeben.

3. Den Grieß mußt du unter ständigem Rühren 10–12 Minuten ausquellen lassen, aber Vorsicht dabei, du darfst das Ganze nicht zu heiß werden lassen.

4. Wenn dann der Grießbrei vollständig fertig ist, nimm ihn vom Feuer und lasse ihn kurz auskühlen. Die Eier mußt du trennen, das Eigelb unter die Grießmasse rühren und das Eiweiß zu steifem Schnee schlagen.

5. Anschließend das Eiweiß mit dem Honig unter den Grießbrei rühren. Jetzt mußt du eine Puddingform mit etwas Wasser ausspülen und den Brei einfüllen und vollständig erkalten lassen.

6. Für das Kompott die Pflaumen waschen, halbieren. Das Fett in einem Topf erhitzen und den Zucker darin karamelisieren, d. h., du mußt ihn einfach unter ständigem Rühren leicht braun werden lassen. Wenn dies geschehen ist, den Pflaumensaft angießen und den Zuckerkaramel vom Topfboden loskochen.

7. Die Pflaumen dazugeben und bei mäßiger Hitze in 8–10 Minuten garen. Mit Honig und Zimt abrunden. Den Flammeri dann dekorativ anrichten, das Kompott dazugeben, schön ausgarnieren und so servieren.

Bananen mit Karamelsauce

FÜR 4 PERSONEN:

250 g Karamelbonbons
150 g Vollmilchschokolade
2 Becher Sahne
50 g geriebene Mandeln
4 Bananen
200 g Erdbeeren
Saft von 1 Zitrone
1–2 EL Butter oder Margarine
1/2 Tasse Pinienkerne

SO MACHST DU'S

1. Die Karamelbonbons mußt du mit der zerbröckelten Vollmilchschokolade und der Sahne in einen feuerfesten Topf geben.

2. Am besten ist, wenn du diesen Topf dann in ein Wasserbad stellst. Hierfür mußt du ganz einfach Wasser in einer entsprechend großen Form erhitzen, bei mäßiger Hitze auf dem Herd stehen lassen, damit das Wasser nicht kalt wird und immer die gleiche Temperatur hält.

3. Dann kannst du den feuerfesten Topf mit den Karamelbonbons und der Schokolade in das Wasser stellen und so kannst du dann unter ständigem Rühren die Bonbons und die Schokolade auflösen.

4. Wenn das geschehen ist, mußt du die geriebenen Mandeln einrühren.

5. Die Bananen mußt du schälen und in mundgerechte Stücke schneiden. Die Erdbeeren verlesen, waschen, gut abtropfen lassen und beides mit Zitronensaft beträufeln.

6. Die Butter oder Margarine mußt du dann in einer Pfanne erhitzen und die Bananen und die Erdbeeren darin unter ständigem Rühren kurz anschwitzen.

7. Die Karamelsauce richtest du dann auf den Tellern dekorativ an. Die Früchte mußt du darauf gleichmäßig verteilen und das Ganze mit Pinienkernen bestreuen. Jetzt kannst du dieses schöne Dessert auch noch mit frischen Früchten ausgarnieren und so sofort servieren.

Birnenpfannkuchen

FÜR 4 PERSONEN:

200 ml Milch, 6 Eier
30 g flüssiges Butterschmalz
1–2 EL ger. Zitronenschale
175 g Weizenmehl
Butterschmalz zum Ausbacken

FÜR DIE FÜLLUNG:

4 Eigelb, 70 g Zucker
1 EL Weizenmehl
200 ml Milch, 1 Prise Zimtpulver
1–2 EL ger. Zitronenschale
3 Birnen, 4 EL Zucker

SO MACHST DU'S

1. Für den Teig mußt du die Milch, die Eier und das Butterschmalz sowie die geriebene Zitronenschale in eine Schüssel geben und glattrühren.

2. Das Mehl mußt du sieben und eßlöffelweise mit dem Schneebesen unter die Flüssigkeit rühren und anschließend 10–15 Minuten ausquellen lassen.

3. Für die Füllung das Eigelb mit dem Zucker in eine Schüssel geben und mit dem Schneebesen schaumig schlagen. Dann das Weizenmehl untermischen.

4. Die Milch zum Kochen bringen und unter ständigem Rühren die Eigelbcreme einrühren. Bei mäßiger Hitze zu einer dicklichen Creme verarbeiten. Aber nicht zu sehr kochen, denn sonst gerinnt deine Creme.

5. Die Creme mußt du dann mit Zimt, geriebener Zitronenschale sowie mit Zucker abschmecken.

6. Die Birnen waschen, halbieren, das Kerngehäuse herausschneiden und anschließend das Fruchtfleisch in dünne Spalten schneiden. Diese mit Zitronensaft beträufeln.

7. Den Zucker mußt du in einer Pfanne karamelisieren lassen, die Birnen einsetzen und kurz dünsten. Vom Feuer nehmen und bereitstellen.

8. Etwas Schmalz in einer zweiten Pfanne erhitzen und deinen Pfannkuchenteig darin portionsweise ausbacken. Die Pfannkuchen sollen goldgelb sein, so kannst du sie dann anrichten. Mit etwas Creme überziehen, die Birnenspalten darauflegen, zusammenklappen, so daß es aussieht wie Tütchen.

9. Nun kannst Du etwas Karamelsauce gleichmäßig darüber verteilen. Mit Puderzucker bestaubt sieht es ganz besonders gut aus.

Eierkuchen mit Orangen

FÜR 4 PERSONEN:

250 g Mehl
1 TL Backpulver
4 Eier
3/8 l Milch
1 TL Salz
1 EL geriebene Orangenschale
1 EL geriebene Zitronenschale
Butterschmalz zum Ausbacken
75 g Zucker
1/8 l Orangensaft
4–6 Orangen
1 Zimtstange
1 Päckchen Vanillezucker

SO MACHST DU'S

1. Zuerst mußt du das Mehl sieben und in eine Schüssel geben. Dann kannst du es mit dem Backpulver vermischen.

2. Die Eier mußt du aufschlagen. Jedes einzelne, damit du schauen kannst, ob es auch gut ist, vor allen Dingen, kannst du daran riechen.

3. Wenn die Eier gut sind, kannst du sie mit der Milch, dem Salz, der Orangenschale und der Zitronenschale zum Mehl geben und das Ganze zu einem glatten Teig verrühren.

4. Das Butterschmalz mußt du nun in einer Pfanne erhitzen und portionsweise deine Pfannkuchen ausbacken. Sie sollen auf beiden Seiten goldgelb sein. Wenn du alle Pfannkuchen ausgebacken hast, mußt du sie auch warm stellen.

5. Den Zucker dann ins verbliebene Backfett geben und darin unter ständigem Rühren karamelisieren lassen.

6. Wenn der Zucker ebenfalls eine goldgelbe Farbe angenommen hat, mußt du den Orangensaft dazugießen und den Zucker vom Topfboden loskochen.

7. Die geschälten und in Stücke geschnittenen Orangen kannst du nun mit der Zimtstange und dem Vanillezucker in die Sauce geben und bei mäßiger Hitze 5–6 Minuten köcheln lassen.

8. Jetzt kannst du die Eierpfannkuchen anrichten, die Orangen dazugeben, das Ganze zusammenklappen, mit Puderzucker bestauben, je nach Geschmack ausgarnieren und sofort servieren.

Die BUTTERSCHMALZ Küche

Es war schon spät am Nachmittag, als die Küchenwichtel zum letztenmal in die Küche schlichen. Mitzi hatte ihnen ein paar Leckereien versprochen, und sie hielt Wort.

Nachdem der Kuchen verschwunden war, hatte Frau Bindfaden gleich einen neuen gebacken. Der stand nun hoch oben auf dem Küchenschrank. Ein Kater wäre da niemals hinaufgekommen. Aber für die Wichtel war das nur eine kleine Klettertour.

Unterwegs machten sie eine Pause in einer geöffneten Schublade. Da lernten sie gleich noch etwas über Besteck und andere

Küchengeräte. Man kann nämlich nicht immer alles mit den Fingern zubereiten, wie die Wichtel dachten.

Mitzi erklärte ihnen, was ein richtiger Koch alles brauchte. Zum Beispiel einen Kochlöffel, einen Schneebesen, einen Teigroller, ein Sieb und ein paar Messer. Ohne Meßbecher und Waage geht es nicht, wenn man sich genau an die die Zutaten halten will. Ganz wichtig sind auch Schüsseln, in denen man einen Teig rühren kann, und dazu braucht man natürlich einen elektrischen Quirl."

Da machten die Küchenwichtel große Augen. „Ein Quirl? Wo ist der Quirl?"
Als Mitzi ihnen den elektrischen Quirl zeigte, da mußten sie lachen. „Wir dachten schon, er ist verwandt mit dem Zauberer Quirlquirl. Aber sie sehen sich gar nicht ähnlich", sagte Rosmarina.

„Einen Quirl brauchen wir ohnehin nicht, denn im Wichtelwald haben wir keinen Strom. Und Qiurlquirl quirlt trotzdem viel schneller als ein Quirl."

„Da könnt ihr froh sein", sagte Mitzi. „Aber wer keinen Quirlquirl hat, der ist froh, wenn er wenigstens einen Quirl hat."

Schließlich erreichten sie den Kuchen oben auf dem Schrank. Er war fast so gut wie der erste. Aber eben nur fast, deswegen ließen die Wichtel ein paar Reste übrig.

Was Frau Bindfaden wohl dachte, als sie die Bescherung entdeckte? Ich weiß es leider nicht.

Die Küchenwichtel hatten den Schrank längst wieder verlassen, denn auch auf dem Tisch gab es einige verlockende Dinge. Zimt und Vanille und Safran und Anis. Das sind Gewürze, die man beim Backen verwendet.

Plötzlich rief Rosmarina: „Psssst. Ein Bär!"
Die anderen schauten sich überall um, schauten dann Rosmarina an.
„Hört ihr es nicht brummen?"
Endlich hörten sie, was Rosmarina so erschreckt hatte. Es war ein leises Brummen. Wenn es wirklich ein Bär war, dann war er noch weit weg. Oder

er war sehr klein. Oder er schnurrte nur wie eine Katze. Aber plötzlich lachte Mitzi und sagte: „Was Rosmarina gehört hat, das ist die einzige Eisbärenart, die in Mitteleuropa vorkommt. Sie ist sehr schwerfällig, läuft praktisch nie auch nur einen Milimeter weit und läßt sich von den Menschen füttern."

Mampfredo staunte mit offenem Mund: So ein Leben mußte herrlich sein. „Aber sind denn Eisbären nicht gefährlich?" fragte Rosmarina. „Dieser nicht. Er heißt Eisschrankbär. Je voller sein Bauch ist, desto mehr brummt er."

Der Eisschrankbär sah wirklich nicht sehr gefährlich aus. Die Wichtel trauten sich langsam näher. Der Bär rührte sich nicht. Auch als die Wichtel die Tür öffneten, hielt der Eisschrankbär ganz still.

„Alles, was leicht verderblich ist, kann man hineinstellen. Der Eisschrankbär hält es kalt und rührt garantiert nichts an."

Plötzlich wollte Mampfredo mit dem Eisschrankbären nicht mehr tauschen. Viel lieber wollte er ein Wichtelpirat sein, der einen Eisschrankbären plündert. Sie fanden eine Bowle mit Früchten, ein paar Mohrenköpfe, eine Kanne mit Eistee und noch sieben andere Köstlichkeiten. Seltsam, je besser die Speisen schmeckten, desto schneller waren sie weg. Aber das Leckerste überhaupt fanden sie, als sie schon satt waren. Da zeigte ihnen Mitzi noch eine Geheimür im Eisschrankbären. Dahinter versteckte er eiskalte Süßigkeiten: Eis in allen Farben und Geschmacksrichtungen.

Wenn Mampfredo nicht schon so satt gewesen wäre, dann hätte er alles aufgegessen. So schaffte er nur die Hälfte. Das war Glück für ihn und für die Familie Bindfaden: Mampfredo mußte nicht platzen und für die Bindfadens blieb noch ein bißchen übrig. Obwohl sie sich auch heute noch nicht erklären können, wie der Kater den Kühlschrank aufmachen konnte.

Die Sonne ging schon unter, als die Küchenwichtel die Küche verließen. Aber der Weg führte nicht zu Mitzis Mauseloch. Es war Zeit, Abschied zu nehmen.

MAUS
BIRNE

Super Mixgetränke

Apfelbuttermilch mit Crisps

FÜR 4 PERSONEN:

4 säuerliche Apfel
Saft von 1 Zitrone
1/2 l reine Buttermilch
3–4 EL Honig
1 Päckchen Vanillezucker
1 Tasse Crisps

SO MACHST DU'S

1. Die Äpfel mußt du waschen, das Kerngehäuse herausstechen und die Äpfel in der Mitte halbieren. Sofort das Ganze mit Zitronensaft beträufeln.

2. Die Apfelhälften mußt du dann zur Hälfte mit einem Teelöffel ausschaben, so daß du einen Becher bekommst.

3. Das Fruchtfleisch, das du ausgeschabt hast, mußt du ebenfalls mit Zitronensaft beträufeln, mit der Buttermilch, dem Honig und dem Vanillezucker in einen Mixer geben und kräftig durchmixen. Das Ganze kannst du auch mit dem Pürierstab erreichen.

4. Die Apfelhälften mußt du in dekorative Gläser legen und den Drink darübergießen. Jetzt kannst du den Drink mit den Crisps bestreuen, ausgarnieren und sofort servieren.

Pfirsichmilch mit Vanille

FÜR 4 PERSONEN:

- 4 vollreife Pfirsiche
- 1 Tasse Pfirsichsaft
- 4 Kugeln Pfirsicheis
- 1/2 l Vanillemilch
- 2–3 EL Honig
- 1 Päckchen Vanillezucker

SO MACHST DU'S

1. Die Pfirsiche mußt du waschen, halbieren, den Kern herauslösen und das Fruchtfleisch anschließend würfeln.

2. Das Fruchtfleisch gibst du dann mit dem Pfirsichsaft und dem Pfirsicheis in den Mixer und pürierst es kräftig.

3. Jetzt mußt du die Vanillemilch, den Honig und den Vanillezucker dazugeben und nochmals kräftig durchmixen.

4. Richte die Pfirsichmilch in dekorativen Cocktailgläsern an, garniere sie aus und serviere sie sofort.

Pistazienmilch

FÜR 4 PERSONEN:

- 1/2 Tasse gehackte Pistazien
- 1 Tasse Orangensaft
- 4 Kugeln Zitroneneis
- 1/2 l Vanillemilch
- 1 Päckchen Vanillezucker
- 2–3 EL Honig
- Zitronenscheiben zum Garnieren

SO MACHST DU'S

1. Die Pistazien mußt du mit dem Orangensaft und dem Zitroneneis in den Mixer geben und gut pürieren.

2. Jetzt kannst du die Vanillemilch und den Vanillezucker sowie den Honig dazugeben und nochmals kräftig durchmixen.

3. Gib den Drink nun in dekorative Cocktailgläser. Mit Zitronenscheiben ausgarnieren und servieren.

Waldwichtel's Heidelbeerdrink

FÜR 4 PERSONEN:

250–300 g Heidelbeeren
Saft von 1 Zitrone
1 Tasse Heidelbeersaft
1/2 l Joghurt natur
3–4 EL Honig
1 Päckchen Vanillezucker
Zitronenscheiben und Heidelbeeren zum Garnieren

SO MACHST DU'S

1. Zuerst mußt du die Heidelbeeren verlesen, waschen, gut abtropfen lassen, mit dem Zitronensaft und dem Heidelbeersaft in einen Mixer geben und kräftig pürieren.

2. Jetzt kannst du den Joghurt mit dem Honig und dem Vanillezucker dazugeben und nochmals kräftig durchmixen.

3. Richte den Drink in dekorativen Gläsern an und garniere ihn mit Zitronenscheiben und den restlichen Heidelbeeren aus. So kannst du ihn sofort servieren.

Rotkäppchen

FÜR 4 PERSONEN:

2–3 EL Zucker
1 Tasse Johannisbeersaft
300 g rote Johannisbeeren
1/2 l Kefir
1 Päckchen Vanillezucker
Johannisbeeren und Zitronenmelissezweige zum Garnieren

SO MACHST DU'S

1. Den Zucker mußt du in einen Topf geben und unter ständigem Rühren karamelisieren lassen.

2. Jetzt gibst du den Johannisbeersaft dazu, löschst das Ganze so ab und kannst dann den Zuckerkaramel loskochen.

3. Die verlesenen, gewaschenen und gut abgetropften Johannisbeeren gibst du in die Flüssigkeit, läßt sie einmal aufkochen und nimmst sie vom Feuer.

4. Wenn der Johannisbeersud kalt geworden ist, kannst du das Ganze im Mixer oder mit dem Pürierstab pürieren.

5. Gib nun den Kefir und den Vanillezucker dazu und mixe das Ganze nochmals kräftig durch.

6. Wenn der Drink so zubereitet ist, kannst du ihn in dekorative Gläser füllen, mit Johannisbeeren und Melisseblättchen garnieren und so sofort servieren.

Blaubeerdrink

FÜR 4 PERSONEN:

250–300 g Blaubeeren
1–2 EL Zucker
Saft von 1 Zitrone
1/2 l Buttermilch
3–4 EL Honig
1 Päckchen Vanillezucker
geschlagene, gesüßte Sahne und Blaubeeren zum Garnieren

SO MACHST DU'S

1. Die Blaubeeren mußt du verlesen, waschen, gut abtropfen lassen und in eine Schüssel geben.

2. Wenn du die Blaubeeren ganz mit einer Gabel zerdrückt hast, kannst du sie mit Zucker bestreuen und mit Zitronensaft beträufeln. Lasse sie so im Kühlschrank mindestens eine Stunde ziehen.

3. Anschließend kannst du die Blaubeeren im Mixer oder mit dem Pürierstab pürieren. Jetzt gibst du die Buttermilch, den Honig und den Vanillezucker dazu und mixt das Ganze noch einmal kräftig durch.

4. Den Drink kannst du dann in dekorative Gläser füllen, mit Blaubeeren und der geschlagenen, gesüßten Sahne ausgarnieren und so sofort servieren.

Schlemmerdrink

FÜR 4 PERSONEN:

3–4 reife Aprikosen
3–4 reife Pfirsiche
1 Tasse Pfirsichsaft
Saft von 1 Zitrone
1/2 l Buttermilch
3–4 EL Honig
1 Päckchen Vanillezucker
4 Kugeln Vanilleeiscreme
Schokoraspeln zum Bestreuen

SO MACHST DU'S

1. Die Aprikosen und die Pfirsiche mußt du waschen, trockentupfen, halbieren und die Kerne herauslösen.

2. Das Fruchtfleisch mußt du dann in kleine Würfel schneiden, mit Zitronensaft und Pfirsichsaft kannst du das Ganze im Mixer oder mit dem Pürierstab pürieren.

3. Gib die Buttermilch, den Honig und den Vanillezucker dazu und mixe das Ganze nochmals kräftig durch.

4. Jetzt kannst du je eine Portion Vanilleeiscreme in dekorativen Gläsern anrichten und mit dem Drink übergießen. Mit den Schokoraspeln überstreut schmeckt das Ganze besonders gut.

Brombeermilch

FÜR 4 PERSONEN:

300 g Brombeeren
1–2 EL Zuckler
Saft von 1 Zitrone
1/2 l Buttermilch
2–3 EL Honig
1 Päckchen Vanillezucker
geschlagene, süße Sahne
Brombeeren zum Garnieren

SO MACHST DU'S

1. Die Brombeeren mußt du verlesen, waschen, gut abtropfen lassen und in eine Schüssel geben.

2. Die Brombeeren mit Zucker bestreuen und mit Zitronensaft beträufeln und das Ganze im Kühlschrank mindestens 1 Stunde ziehen lassen.

3. Anschließend mußt du die Brombeermischung im Mixer oder mit dem Pürierstab pürieren.

4. Die Buttermilch mit dem Honig und dem Vanillezucker dazugeben und alles nochmals kräftig durchmixen.

5. Nun mußt die geschlagene Sahne kräftig darunterziehen.

6. Richte den Drink in dekorativen Gläsern an und garniere ihn mit einem Klacks Sahne und mit Brombeeren.

Die Küchenwichtel wollten noch vor Einbruch der Nacht den Bauernhof verlassen, damit es nicht noch einen Zusammenstoß mit dem Kater gab. Wenn sie erst einmal den Wald erreicht hatten, dann waren sie sicher, denn dort kannten sie sich aus. Und Dreistein konnte mit seiner Brille im Dunklen ohnehin viel besser sehen als bei Tage.

Beim Kuhstall verabschiedeten sich die Küchenwichtel von Mitzi Maus.
„Danke für deine Gastfreundschaft und deine Hilfe“, sagte Dreistein.
„Mach's gut, bis bald!“ sagte Rosmarina.
„Hast du vielleicht noch etwas Proviant für unterwegs übrig?“, fragte Mampfredo.

Mitzi lächelte. Sie hatte für Mampfredo ein Abschiedsgeschenk vorbereitet: eine große Scheibe von dem Emmentaler aus dem vorigen Jahrhundert.
Für eine Maus war das ein sehr wertvolles Geschenk, eines, das man nur seinen besten Freunden machen würde. Mampfredo jedoch lächelte verlegen und sagte: „Ach, weißt du Mitzi, eigentlich ist es besser, wenn ich nicht so viel Gepäck habe. Je weniger ich trage, desto weniger Hunger kriege ich unterwegs.“

Mitzi war ein wenig beleidigt, daß der Küchenwichtel das Geschenk ablehnte. Aber dann sagte Mampfredo: „Wir besuchen dich bald mal wieder, und dann essen wir das Stück Käse zusammen.“ Da lachte Mitzi wieder und sagte: „Das ist eine gute Idee.“
Sie umarmten einander und Mitzi wünschte eine gute Reise.
Plötzlich kam Hanna, das Huhn, um die Ecke gerannt. „Moment mal!“ rief sie „Ich gehe mit!“
Mitzi Maus konnte nicht glauben, was da geschah. Rosmarina aber lächelte und flüsterte der Maus ins Ohr: „Ich habe Hanna den Anfang von einer Geschichte erzählt. Die Geschichte ist sehr, sehr, sehr, sehr, sehr, sehr spannend. Kein Wunder, daß Hanna wissen will, wie es weitergeht. Ich habe ihr versprochen, alles zu erzählen, wenn sie uns begleitet.“
„Ich wollte schon lange mal eine Weltreise machen“, sagte das Huhn. „Also, ihr Wichtel aufgesessen!“
Und so ritten die Wichtel hoch auf dem Huhn zurück in den Wichtelwald. Kurz bevor die Sonne aufging hatten sie ihr Ziel erreicht.

Da jubelten die anderen Wichtel. Aber sie jubelten nicht laut, denn vor lauter Hunger waren sie schon ganz schwach. Der Zauberer Quirlquirl war nämlich immer noch nicht gesund, fühlte sich nur ein wenig besser.
Dann aber zeigte Dreistein seine Bücher mit den Rezepten, und da waren alle Sorgen im Nu verflogen.

Die ganzen nächsten Tage taten die Wichtel nichts anderes als kochen und backen und backen und kochen, bis sie alle wieder rund und gesund waren. Dann schliefen sie kurz und kochten wieder weiter, bis zu jenem Tag, als Dreistein seine Bücher verlor.
Aber das ist eine andere Geschichte.

Küchenwichtel